니체,

세월호 성인교육을

논하다

이관춘 지음

학지사

머리말

사바나를 대표하는 아프리카 세렝게티 초원 남동쪽. 매년 5월 중순 경 건기가 시작되면 지구상에서 가장 많은 수의 동물들이 대이동하는 장관이 펼쳐진다. 약 150만 마리 이상의 '누gnu' 떼와 30만 마리 이상의 얼룩말, 톰슨가젤 등의 초식동물들이 물과 초원을 찾아 케냐 지역인 마사이 마라나 빅토리아 호수 인근의 초원지대를 향해 대장정을 시작한다. 그러다 우기가 시작되는 12월 초가 되면 다시 약 1000km의 거리를 이동해 고향인 탄자니아 세렝게티 평원으로 되돌아온다. 멀리 아프리카까지 갈 여유가 없다 보니 주말 텔레비전 화면을 통해 틈틈이 훔쳐보는 동물의 세계다.

그런데 떼를 지어 이동하는 동물들을 조금만 유심히 바라보면 그들의 행동 패턴이 인간 사회와 참 많이 닮았다는 것을 새삼스레 배우게 된다. 가장 압권은 이미 수천 킬로미터의 황야를 걸어온 누 떼가 탄자니아와 케냐 사이를 흐르는 마라 강둑 앞에 멈춰

3

섰을 때이다. 폭우로 인해 마라 강물은 잔뜩 불어났고 성난 물살 속에는 악어 떼가 호시탐탐 기회를 엿보는 상황이다. 무리 선두가 건널 것인지 돌아설 것인지 잠시 고민하는가 싶더니 성질 급한 녀석 한 마리가 강으로 몸을 던진다. 그러자 수만 마리의 누가 줄줄이 몸을 던져 강을 건넌다. 악어들이 떼를 지어 덤벼들고 순식간에 강은 핏빛으로 변한다. 처절하다. 용케 악어는 피했지만 물살에 휩쓸려 수장된 후 떠올라 대머리독수리의 먹잇감이 되는 누 떼들도 있다. 간신히 강을 건넜어도 기력이 쇠진한 상당수의 누는 다시 일어서지 못한다. 이런저런 일로 인해 한 해 새로 태어나는 40만 마리의 누 중 70% 가까이가 대이동 중에 목숨을 잃는다.

겉으로 보기에는 한가하고 평화롭기까지 한, 그러나 삶과 죽음의 소용돌이가 처연하게 펼쳐지는 세렝게티 초원을 보면서 우리네 살아가는 모습을 떠올리는 건 한갓 순전한 감상일지도 모른다. 세월호 이전까지만 해도 그랬다. 그러나 국가의 무능으로 인해 수백 명의 무고한 어린 생명들을 품은 채 뒤집혀져 바닷물 속으로 침몰한 세월호는 생각의 변화를 재촉하고 있다. 그리고 질문할 것을 촉구한다. 니체의 말대로, 멍하니 제 할 일만 하다가 종치는 괘종 시계소리에 화들짝 놀라며 '지금 도대체 몇 시지?' 하며 묻기라도 하라는 것이다.

과연 누 떼의 희생은 생태계의 균형을 유지하기 위한 '필요악'인가? 왜 동물이나 인간이나 '동일한 실패'를 반복하는 것인가? 세월호와 같은 무차별적인 고통의 속성이나 불가피성을 단지 인간의 실존의 모습으로 치부하고 말 것인가? 아니면 일부 목회자들의 설교대로 고통에도 신의 선의善意가 있으며 인간들이 저지른 죄의 응보應報인가? 그렇다 해도 순진무구한 어린 생명들의 고통은 어떻게 설명할 것인가? 카뮈의 『페스트』에서 한 아이의 죽음 앞에서 할 말을 잃어버린 예수회 신부 파넬루의 침묵은 무엇을 의미하는가? 도대체 세월호 사고 같은 참사는 왜 일어나는 것인가?

답이라고 할 수 없는 답을 세렝게티 초원에서 찾을 수밖에 없다. 오로지 '풀'과 '물'이란 생존수단만을 위해 무리를 지어 돌진하는 누 떼든, 살생을 밥 먹듯 하는 악어든, 자신의 행위에 대해 어떠한 사유나 질문을 하지 않는다. 그저 습관적이며 맹목적이다. 생각해 보면 그럴 만한 이유가 있다. 짐승들은 '홀로 있음'의 기회도 없고, 있다 해도 두렵다. 이들의 단 하나의 행동 준칙은 '무리를 지어 타자와 동일하게 행동한다'는 것뿐이다. '무리 속의 자아'만이 존재 양식이 되는 것이다. 이게 니체Nietzsche의 말대로 '무리 짐승의 도덕'이다. 약자들의 삶의 표상이 아닐 수 없다.

주변엔 부와 권력, 지위를 위해 수단과 방법을 가리지 않는 악어들도 득실거린다. 먹이사슬의 최상층부에 자리한 이들 '엘리트' 악어들은 무리를 지으며 '끼리끼리'의 카르텔을 형성한다. 먹잇감을 놓치지 않는 효과적인 공략 법이기 때문이다. 게다가 자신의 그런 행동에 대한 철저한 '무 사유'도 빼닮았다. 그래서 '지금 이 순간에도' 온갖 연줄과 뇌물을 동원해 탐욕의 카르텔을 확대 재생산하고 있다. 차이가 있다면, 허기만 채우면 멈추는 악어와 달리 인간의 탐욕은 그칠 줄 모른다는 점이다. 이런 사회에서는 '강가에 살려면 악어와 친구가 되라.'라는 인도 격언이 훌륭한 처세술이 될 것이다.

니체의 사상을 빌리면 세월호 참사의 원인은 '필요악'이나 '실존' '신의 선의善意'라는 개념과는 아무런 관련이 없다. 그 원인은 우리 성인들의 '무리 짐승의 도덕'이며, 그 노예도덕의 부메랑일 뿐 그 이상도 이하도 아니다. 신자유주의적 자본주의에 탓을 돌리기도 한다. 물론 맞는 말이다. 고용 유연성을 곧 효율성으로 치환하면서 노동자를 대체 가능한 부품으로 인식하는 기업 시스템이 문제가 아닐 수 없다. 게다가 '민주'가 아닌 '자본'이 '주의'가 되는 논리가 관공서는 물론 교육 전반에 침투해 있는 상황이 아닌가? 허나 신자유주의 위력이 더욱 심한 서양 선진국에서 과연 이런 대형 참사가 우리보다 빈번할까 하는 의문이 고개를 든다. 결국 어른들의 문제이자 성인교육의 책임이다.

성인들의 문제이기에 성인교육 차원에서 다루어야 한다는 생각이 학교교실 액자 속의 '좋은 말'처럼 건조하게 들릴 수도 있다. 성

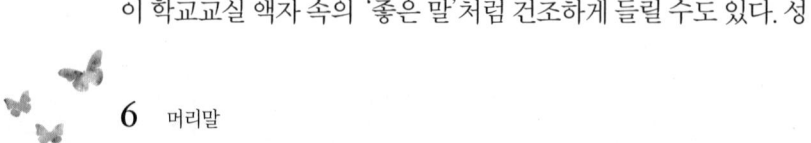

인교육, 평생교육을 외치는 정치인, 학자들의 침묵과 무관심을 보면 더욱 그렇다. 더 나아가 라인홀드 니버Niebuhr가 말하듯, 개인의 약탈적인 이기심과 탐욕이 교육을 통한 합리성의 발전이나 종교적 선의지의 성장에 의해 개선될 수 있으리란 희망은 결국 환상일 뿐이라는 경고를 생각하면 더욱더 그러하다. 그럼에도 불구하고 사회발전은 결국 그런 환상이 사람들의 영혼을 부추겨 '숭고한 광기'를 불러일으키면서 이뤄질 수밖에 없는 것이 아니겠는가?

　명색이 학學을 한다는 사람이면 그런 환상을 붙들어야 한다는 나름의 신념에서 이 작은 글을 써 내려갔지만, 이 작은 책자가 마지막까지 어른들에 대한 믿음의 손을 놓지 않았을 그 어린 학생들에게 무슨 의미가 있겠는가. 단지 '잊지 않겠습니다.' 약속했던 어른들이 말 그대로 잊지 않고, 돌이켜 성찰하고 또 성찰하는 일에 조금이라도 기여했으면 하는 바람뿐이다.

이 관 춘

차례

9

세월호는 성인교육자에게 무엇인가?

이제, 세월호 교육을 말하자

미국과 구소련이 한창 냉전상태에 있던 1957년 10월 4일, 미국사회는 외신이 전해 준 뉴스 하나에 발칵 뒤집히게 된다. 구소련이 세계 최초로 스푸트니크Sputnik 1호라는 인공위성 발사에 성공한 것이다. 미국사회로서는 하나의 국가적 재난이었다. 구소련이 우주경쟁에서 앞섰다는 신호이기도 했지만, 정작 중요한 것은 구소련이 핵탄두를 장착한 미사일로 미국을 초토화시킬 수도 있다는 위기감 때문이었다.

2014년 4월 16일, 대한민국에서는 세월호가 침몰했다. 물론 미국의 인공위성 사태와는 성격이 다른 참사였다. 한국사회로서는 21세기 최악의 국가적 재난이었다. 300명이 넘는 사람들이 졸지에 목숨을 잃은 사고이기도 했지만, 정작 충격적인 것은 250명의 고등학생들을 포함한 희생자 모두가 몇 시간 동안이나 TV로 생중계되는 가운데 바닷속으로 생매장된 '사건'이었기 때문이다. 당연히 국가가 구조해 줄 것으로 믿고 재잘거리던 어린 학생들이 서서히 죽음을 맞이하는 과정을 전 국민이 목격한 절망적인 사건이었던 것이다.

구소련의 인공위성 발사로 패닉상태에 놓인 미국국민들은 정부의 무능함을 질타했고 대책을 요구했다. 아울러 그들은 사태의 먼 원인遠因에도 눈을 돌렸다. 미국사회는 그 원인을 부실한 과학기술교육에서 찾았고, 1년 뒤 미국의회는 국방교육법NDEA을 제정해 초·중등 및 대학에서의 과학기술교육을 대대적으로 지원 및 강화[1]시키는 장기적인 교육혁신을 단행하였다. 결국, 미국은 그 이후 우주경쟁에서 구소련을 추월하였고 세계 최강이 되었다.

세월호 참사 이후, 한국사회는 거의 집단우울증 상태로 빠져들었다. 무엇보다 국민들을 분노하게 만든 것은 세월호 구조과정에서 드러난 정부의 무능함이었다. 해경은 학생들의 절망적인 구조요청을 속수무책으로 지켜보기만 했다. 국민의 생명을 지켜야 할 국가는 그 자리에 없었다. 그리고 세월호 참사 1년이 훌쩍 지난 지금, 과연 무엇이 달라졌는가? 삶의 방향이, 가치관이 달라졌는가, 아니 달라지고 있는가? 단언컨대 변한 것은 없다. 진상조사를 위해 발 벗고 나서야 할 정부와 국회의원들은 '세월호 피로증'을 내세우며 피해자들을 범죄자 다루듯 하고 있다. 「세월호 특별법」이 만들어졌지만 피의자 신세인 해양수산부는 뻔뻔하게도 조사의 주체가 되겠다고 나선다. 사고의 공범으로 지목된 공직사회의 적폐는 여전히 위력을 과시하고 있다.

인공위성 사태의 원인을 교육에서 찾은 미국과는 달리, 세월호 참사는 명확한 인재人災임에도 불구하고 교육적 차원에서의 고뇌와 혁신노력은 별로 보이지 않는다. 참사 이후 학교차원에서 제도적 안전대책을 마련한다고 부산을 떨었지만 언제나 그렇듯 이내 잠잠해졌다. 말이 인재이지, 결국 참사의 직접적 원인은 학생 아닌 어른들의 의식과 가치관의 문제이건만 성인교육에 대한 비난의 화살은커녕 관심조차 보이지 않는다.

왜 성인교육인가?

그렇다면 왜 성인교육인가? '세월호와 미국의 인공위성 사태는 사건의 속성이 근본적으로 다르지 않은가?'라는 반문이 제기될 수 있다. 그러나 교육, 아니 성인교육의 역할이 무엇인가? 성인교육의 중요한 목적은 사회화의 기능으로서의 직업능력개발과 전인적 성장 혹은 자아실현이란 역逆사회화 기능에 있다. 두 가지 기능의 균등성이 성인교육의 성패를 가름하는 것이다. 하버드대학교의 저명한 교육학자인 듀보이스DuBois의 표현을 빌려 말한다면, 성인교육은 사람을 목수로 만드는 일과 목수를 사람으로 만드는 일을 목적으로 한다.

그렇다면 미국의 인공위성 사태의 원인은 교육이 사람을 목수로 만드는 일에 소홀한 결과다. 이에 따라 미국이 국가적 차원에서 과학기술교육에 대한 전폭적인 지원체제를 구축하는 방향으로 교육혁신을 단행한 것은 당연한 귀결이다. 하지만 세월호 참사의 인과관계는 역방향이다. 즉, '목수를 사람으로 만드는 일'을 교육이 등한시한 결과다. 듀보이스는 교육의 궁극적 목적은 바로 이 역방향에 있다고 강조한다. 역방향에 실패할 때 개인적 자아실현의 실패는 물론 사회 전체의 비인간화 현상이 가속화될 수밖에 없다는 것이다.

주목할 점은, 성인교육은 초창기부터 바로 이 역방향에서 출발했다는 사실이다. 20세기 초 영국의 성인교육자인 배질 익슬리Yeaxlee[2]는 이미 90여 년 전에 저서 『Spiritual Values in Adult Education』을 통해 성인교육에서 영적인 가치가 중심이 되어야 한다고 역설했다. 익슬리와 같은 시대적 맥락에서 에두아르드 린드만Lindeman[3]역시 성인교육은 단지 삶의 수단을 넘어서는 목적이 있음을 인식해야 함을 강조한다. 지식의 추구, 힘과 권력의 사용, 자기표현, 자유, 창조 등이 그 자체로 성인교육이 목적이 될 수 없다는 것이다. 성인교육은 그런 가치들을 왜 원하는지를 아는 사람, 즉 지성intelligence의 양성에 관심을 두어야 한다는 주장이다. 린드만은 성인교육의 본래 의미는 학습자로 하여금 자기중심적인 노예상황에서 벗어나 타인 혹은 세계와의 "창조적인 관계맺음creative relatedness"(4)을 통해 진정한 자유인이 되도록 도와주는 데 있음을 인식해야 한다고 역설한 것이다.

21세기의 문턱에서 포레Faure보고서나 들로르Delors보고서 같은 유네스코 문헌들이 성인교육의 궁극적 목적으로 '존재를 위한 학습'을 제시한 것도 익슬리나 린드만이 강조한 성인교육의 목적과 같은 맥락이라 할 수 있다. 그러나 21세기 평생교육체제하에서 우리의 성인교육이 과연 존재를 위한 학습으로 나아가고 있는가? 결론부터 말하면 아니다. 세월호 참사는 이를 반증하고 있는 대표적인 사례다. 세월호와 성인교육이 필연적으로 연계될 수밖에 없다고 주장하는 이유가 여기에 있다.

목수만 키우는 성인교육

다시 듀보이스의 말로 돌아가 보자. 성인교육의 대상인 '목수'는 누구인가? 세월호의 선사인 청해진해운 같은 기업체의 임직원들이나 세월호 참사의 원인제공자로 지목받는 정부관료들이 바로 그들이다. 세월호의 화물량과 승객 수조차 기재되지 않은 안전점검보고서를 접수하고 출항허가서를 내 준 한국해운조합 같은 민간단체들, 어린 학생승객들을 사지에 몰아놓고 속옷차림으로 도망친 선장과 선원들, 사고현장에 달려와서는 손도 써 보지 못하고 배의 침몰을 지켜보기만 했던 해경들, 한 걸음 더 나아가, 사리사욕에만 어두워 법과 원칙, 도덕을 내팽개치고 사는 우리 사회 각계각층의 그 많은 '유병언들'. 이들 성인들이 바로 성인교육의 주체이자 대상인 목수가 아니겠는가.

이들은 '21세기는 평생교육시대'라는 기치 아래 다양한 이름과 성격의 성인교육을 숱하게 받아 왔을 것이다. 사고 직후 숫자조차 파악하지 못했던 정부 고위관계자들은 연례적인 재난안전대책교육을 받았을지도 모른다. 돈벌이에만 눈이 멀었던 세월호 선주船主 같은 기업들은 윤리경영교육을, 세월호의 무리한 증축이 문제없다는 검사결과를 내 놓은 한국선급을 대표로 하는 해수부마피아(해피아)들은 공직윤리교육을, 세월호가 항로를 이탈하고 속도를 크게 줄였어도 근무태만으로 이상징후를 발견하지 못했던 진도VTS(해상교통관제센터) 직원들은 정기적인 해상관제교육을 받았을 것이다.

그렇다면, 이들에 대한 성인교육만 제대로 이뤄졌더라면? '목수'로서의 이들 전문인들, 기능인들을 '인간'으로 만드는 성인교육에 우선적인 관심을 쏟았더라면? 하는 질문을 제기해 볼 가치는 없는 것인가 하는 생각이다. 혹자는 이에 대해 한국 성인교육의 현실에 비추어볼 때 가능하기는 하냐는 매우 회의적인 시각을 드러낼지도 모른다. 그러나 흔히 그러하듯 사회문제에 대한 교육적 처방의 출발은 '기본으로 돌아가는 것back to the basics'이다. 그 기본이란 바로 목수를 사람으로 만드는 교육, 이것이 성인교육의 궁극적 처방이 되어야 한다는 것이다.

성인교육 측면에서 본다면, 세월호 참사는 사람을 목수로만 만드는 데 치중한 우리 사회의 성인교육이 불러온 부메랑 현상이다. 신자유주의 체제하에서의 무한경쟁, 적자생존, 약육강식과 같은 특정방향으로 편향된 성인교육의 목적과 가치는 사회구성원에게 '그렇게 편향된 가치'를 지향하도록 조장하는 대신, 린드만이 말한 "타인과의 창조적인 관계 맺음"[5]은 교육이 아닌 것으로 치부하게 만들었기 때문이다.

성인교육에서 본 세월호

세월호 참사가 성인교육의 부메랑이라는 필자의 논거는 한나 아렌트Arendt의 '악의 평범성banality of evil'[6] 개념에서 출발한다. 유대인 학살의 주범들의 모습에서 보듯, 수백 명의 어린 생명들을 죽음으로 몰아넣은 비인간적인 세월호 사건의 주범들 역시 평범한 인간들이란 전제를 하자는 것이다. 선장과 선원에서부터 대통령, 공직자, 기업인, 그리고 국가란 시스템 안에서 운명적으로 소극적 공범共犯이자 가해자가 된 우리 모두 역시 평범한 인간의 모습을 하고 있다.

그렇다면 야스퍼스Jaspers의 물음처럼, 도대체 어떻게 '비인간성'과 '평범성'이 연결될 수 있는가? 여기서 주목해야 할 점은, 악의 평범성은 인간의 악이 평범하다는 것이지, 악이 평범하다는 뜻은 아니다. 평범성은 악의 현상상태로서, 즉 악이 평범한 것이 아니라 인간의 악이 평범하다는 말이다. 아렌트는 악의 평범성의 원인을 사람들의 '순전한 무사유 sheer thoughtlessness'에서 찾는다. 야스퍼스가 지적한 대로, 대중사회의 관료주의 체제하에서 아무 생각 없이 그저 기계의 부품처럼 목적에 맞게 움직이는 인간의 모습에서 비인간성과 평범성의 연결고리를 찾는 것이다[7].

악의 평범성과 그 원인으로서의 순전한 무사유가 철학적 성찰이었다면, 그다음은 성인교육적 반성이 뒤따라야 할 것이다. 즉, 순전한 무사유는 어디서 기인하는 것인가. 필자는 그 해답을 우리 교육현장의 학습된 무기력 현상에서 찾고자 한다. 형해화形骸化된 지식, 무미건조한 지식만을 주입하는 학교교육에서부터 기업과 공직사회의 관료화된 문화 속에서 이어지는 다양한 성격의 성인교육이 혹시 학습된 무기력을 조장하고 있지는 않은가 성찰을 해 보자는 것이다.

이렇게 본다면, 세월호 참사의 원인은 '악의 평범성 → 순전한 무사유 → 학습된 무기력'이라는 역위계적인 도식이 그려진다. 중요한 점은, 이 세 가지의 단계 단계마다 목수를 사람으로 만들어야 할 성인교육의 역할이 직간접적으로 연계되어 있다는 점이다. 학교를 통한 사회적 존재로서의 교육과는 달리 성인교육을 통해서는 제도가 요구하는 집단성에서 벗어나 개인적인 삶의 의미를 복원시킬 수 있어야만 하기 때문이다. '제도에 편입될 수 없는 개인성'이야말로 인간이 평생을 통해 추구해야 할[8] 목표다. 성인교육이 학습의 자활감empowerment을 강조하고, 소외의 고리로서의 자동적인 순응automation conformity을 거부하고, 지속적인 사유와 반성을 통해 자신의 관점을 수정할 것을 강조하는 이유도 바로 여기에 있는 것이다.

왜 니체인가?

그렇다면 성인교육에서 니체Nietzsche는 무엇인가? 교육에서는 물론 성인교육에서 니체만큼 생경하게 느껴지는 철학자가 없기 때문이다. 게다가 은유법에 기초한 니체의 글은 문장 하나하나씩 따져들면 대체로 명료하지만, 그 문장들이 모여 이룬 사유의 숲은 미로처럼 복잡하고 모순적이어서 한번 들어서면 길을 잃기 십상이다. '모순의 철학자'라는 별명답게 니체는 모순과 모순 사이를 수시로 들락날락하고 있어 교과서적인 사유체계에 익숙한 교육현장에선 외면당하기가 쉽다. 그러나 니체를 곰곰이 읽으면 읽을수록 세월호 참사와 같이 우리가 직면하고 있는 교육적이며 사회적인 문제들에 대해 소중하고 심원한 사상을 피력하고 있는 사람이 바로 니체라는 사실을 절감할 수가 있다. 때로는 문장 하나를 통해서, 때로는 어떤 문학가보다 현란한 은유를 통해서 다른 교육철학자들이 제시하지 못하는 촌철살인의 교육사상과 해법을 선사하고 있기 때문이다.

그럼에도 불구하고 니체가 이때까지 교육 혹은 성인교육에서 각광받지 못한 이유는 무엇인가? 그 이유는 니체가 너무 앞서갔기 때문이다. 다시 말해, 니체의 '망치를 든 철학', 해체주의적 방향제시는 니체 당시의 상황보다는 130여 년이 지난 21세기 현재 상황에야 비로소 적합하다고 보기 때문이다. 니체 자신도 '차라투스트라'를 동시대인들이 읽을 만한 역량이 있다고 기대하지 않았다. 그만큼 니체는 시대를 앞서 간 사상가라 할 수 있다. 교육적 측면에서만 보아도 교육은 곧 결핍된 아동에 대한 페다고지라는 도식이 당연시되던 시기에, 교육에서의 자유정신을 강조하고 자신의 삶의 질서를 스스로 세울 수 있는 자기입법Selbstgesetzgebung의 능력을 키울 것을 주창한 철학자가 환영받기 힘들었으리라는 점은 쉽게 유추할 수 있다. 니체는 "너의 양심은 뭐라고 말하느냐? 너는 반드시 너 자신이 되어야 한다."[9]라고 선언하면서 성인교육의 궁극적 목적이 될 수 있는 구체적인 방향을 제시한다.

"사나이가 되어라! 그리하여 나를 따르지 말고 너 자신을 따르라! 너 자신을! 우리의 삶도 우리 스스로에 대해 권리를 지녀야 마땅하다. 우리도 또한 자유롭고 두려움 없이, 순진무구한 자기애 안에서 자기 자신으로부터 성장하고 꽃피워야 한다. ……결국 자유롭게 되고자 하는 모든 인간은 자기 자신을 통해 그렇게 되어야만 한다. 자유는 그 누구에게도 기적의 선물처럼 하늘에서 떨어지지 않는다."[10]

아울러 니체는 자기입법의 능력을 키우는 데 소홀한 우리나라의 교육 및 성인교육의 현실을 『반시대적 고찰』에서 특유의 어법으로 비판한다.

"하나의 전체로서의 삶의 그림과 마주쳐야 한다. 그렇지만 학계는 그림을 이해 하려는 것이 아니라 저 캔버스와 물감을 알려고 혈안이 돼 있다."[11]

니체에 따르면 우리의 교육은 '전체로서의 삶의 그림'보다는 '캔버스와 물감'을 향한 도구적 목적에만 관심을 집중하고 있다. 같은 맥락에서 성인들은 목적지향의 성인교육 풍조 속에서 생기를 탈색당하고 있으며, 그 삶의 생기와 명랑함을 학습자들에게 되찾아 주는 것이 바로 성인교육의 역할이 되어야 한다고 역설하는 것이다. 니체는 계속해서 말한다. 실용적 감각이나 직업활동에만 가치를 두는 성인교육은 결과적으로 "미래 없이 살고 싶고 현재의 문턱 위에 편안히 발을 뻗고 있는 건달"[12]을 양성하게 될 수밖에 없다고 경고한다.

이렇게 편향된 가치를 지닌 평범한 '건달'들의 악한 행동이 세월호 참사의 주범이자 공범이 된 것이다. 사고는 잘못된 행위 wrongdoing의 소산이다. 그런데 사고에 그치지 않고 참사가 되었다면 그것은 악행evildoing의 소산[13]이 된다. 이들 평범한 사람들이 행한 악행의 평범성이 바로 세월호 참사의 원인이 된 것이다.

악의 평범성과 관련하여 필자가 니체에게 마음을 빼앗긴 보다 근본적인 이유가 있다. 그것은 "니체의 교육철학은 곧 그의 삶"[14]이었기 때문이다. 자신의 교육철학과 삶의 철학이 일치한 철학자 중 니체만한 인물이 없다. 그래서 그의 글에는 느낌이 있다. 액자 속의 박제된 진리가 아니라 우리의 영혼을 뒤흔드는, 살아 펄떡이는 강렬한 터치가 있다. 그렇기에 그의 정신적 광기는 치열하다못해 숭고하다. 철학과 삶이 다르지 않았던 니체에게서 우리는 '삶이 학습이고 학습이 삶'이 되어야 하는 성인학습자의 전형典型을 발견하게 된다. 철학과 삶이 구분될 수 없듯이, 성인학습은 개인의 정체성 형성에 수반되는 능동적 삶의 과정으로서 삶과 분리될 수 없는 것이다. 니체는 1865년 6월 11일 여동생에게 보낸 편지에서 성인학습자가 귀담아 들어야 할 경구를 들려준다.

"만약 네가 영혼의 평화와 행복을 원한다면 믿어라. 하지만 네가 진리의 사도가 되고 싶다면 질문하라."[15]

1889년 1월, 이탈리아 토리노의 한 광장. 마부에게 채찍을 맞고 있는 말에게조차 동정심을 느껴 말의 목을 끌어안고 쓰러진 니체는 이후 학자로서의 삶을 사실상 마감하게 된다. "널 이해한다!understand"라는 말을 반복적으로 되뇌며 쓰러진 니체는 채찍 질당하는 말의 모습에서조차 집단과 제도가 요구하는 규범과 가치에 얽매어 '너 자신'을 상실한 동시대인들의 모습을 보았는지도 모르겠다. 또한 그의 단말마적 비명은 순종적이고 의지가 박약하며 개성을 상실한, 그래서 임의로 조종될 수 있는 군집 존재로 전락한 오늘의 우리를 향한 외침이 아니겠는가.

"아우슈비츠 이후에도 시를 끄적거린다면 그건 야만인"이라고 질타했던 독일 철학자 테오도르 아도르노Adorno의 말처럼, 이제 세월호 참사 이후 성인교육자들은 어떻게 교육에 대해, 어떻게 인간다운 삶을 위한 교육에 대해 말할 수 있을지를 성찰해야 한다. 이 땅에서 스스로를 성인교육자라고 생각하는 사람이라면 누구든 이와 같은 질문에서 자유로울 수 없다. 이제 세월호 '전'과 '후'의 성인교육은 같을 수 없게 되었다. 세월호 참사는 성인교육학적으로 해석되기를 요구하고 있으며, 또 해석되어야 한다.

세월호 성인교육이라는 무거운 제목을 붙인 것은 이러한 위기의식과 학문적 책임감에 대한 학계의 담론을 형성해 보려는 생각에서였다. 특히 '세월호 교육'이라는 고유명사가 향후 학교 및 성인교육의 패러다임 변화를 촉진하는 교육의 보통명사가 되어야 한다는 필자 나름의 믿음에서였다. 그리고 그 믿음의 방향을 제시해 준 철학자가 바로 니체였다. 그러나 니체를 대하면서, 철학이 곧 삶이었던 니체였기에 잉크 대신 피를 찍어 쓴 것 같이 혼이 담긴 그의 말을 자의적으로 해석하는 것이 아닌가 하는 불안감이 엄습해 오기도 한다. "가장 나쁜 독자는 약탈하는 군인들처럼 행동하는 자들이다. 그들은 자기들이 사용할 수 있는 몇 가지만 취하고, 나머지는 더럽히고 엉클어뜨리며 전체를 모독한다."(16) 라고 니체는 말한다. 니체를 읽고 쓰는 내내 가슴에 새겨 두었던 것이 바로 이 경고다.

1. 세월호의 물음
– 이렇게 살아가도 괜찮은가?

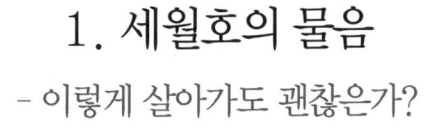

2014년 4월 16일, 그날의 기억이 지금도 또렷하다. 오전 9시경, 전남 진도 앞바다에서 476명의 승객을 태운 6,835톤의 거대한 카페리貨客船 세월호가 침몰하고 있다는 뉴스가 급하게 타전되었다. 가정에서나 이제 막 출근한 사무실에서나 사람들은 배가 서서히 가라앉고 있는 모습을 봤다. 신문에서 '읽은' 게 아니라, 라디오로 '들은' 게 아니라, TV로 '봤다'. 집의 소파에 앉아서, 사무실에서 서서, 모두가 실시간으로 봤다. 그때부터 배가 완전히 가라앉은 오전 11시 18분까지의 무려 2시간 26분 동안. 대한민국 국민은 눈을 뜨고 보면서도 도저히 믿기지 않는 광경을 생생히 목격한다.

읽거나 들은 게 아니라 실시간으로 봤다는 것이 앞으로 어떠한 충격과 고통, 분노를 뼛속에 새기게 될지를 절감하게 되는 그런

체험을 하게 된 것이다. 육지에서 그리 멀지 않은 바다이기에, 온 나라가 두 눈 뜨고 지켜보기에 당연히 모두 구조될 줄 믿었다. 사고발생 30여 분만인 9시 30분 해경경비정이 사고현장에 도착했다는 뉴스를 보면서 안도의 한숨을 내쉬기도 했다. 상식은 그러나 배반당했다. 그때부터 완전히 침몰한 11시18분까지 구조인원은 172명. 선체에는 진입도 못하고 스스로 탈출한 사람들만 건져낸 숫자다. 그런 무능함으로 어린 고등학생들이 대부분인 304명의 승객을 끌어안고 배는 완전히 가라앉았다. 세월호 사고가 세월호 사건으로 변하기 시작한 순간이다. 고통스럽게 그 사건을 지켜봤던 국민들의 가슴속에 지금도 가라앉고 있는 그런 사건이 된 것이다. 그래서 세월호는 현재진행형이다.

니체, "우리가 대체 무슨 짓을 했지?"

세월호 참사는 대한민국 역사에 전무후무할 사고로 기록될 '충격' 그 자체였다. 사고 1년이 지난 지금도, 아니 앞으로도 계속해서 '왜 그런 사고가 일어나야만 했는지'를 도저히 이해할 수 없는 그런 사고였다. 그만큼 비상식적이고 기괴한 사고였다. 전쟁이 아니고서야 무려 250명이나 되는 어린 학생들을 포함해 300명이 넘는 국민들을 뻔히 보면서 수장시키는 나라가 어디 온전한 정

부이며 국가인가?

철학자 프리드리히 니체는 세월호 참사로 영혼이 붕괴된 한국
사회를 미리 예견이라도 한 듯하다. 아니면, "'동일자의 영원회귀
사상'에 천착했던 니체였기에, 대형사건 및 사고의 본질로서의 권
력의지를 파악하고, 세월호 참사는 영원회귀라는 형태로 현상한
다는 것을 미리 내다본 것인지도 모른다.[1] 니체의 표현을 빌리
면 세월호 이전의 한국사회는 "사실 우리는 무언가를 '집으로 가
져가는' 단 한 가지 일에만 진심으로 마음을 쏟는" 그런 사회였
다. "그 외에 삶……. 과연 누가 진지하게 마음을 쓰겠는가? 아니
면 그럴 시간이 충분하겠는가? 우리는 그러한 일에 한 번도 제대
로 '집중한' 적이 없었던 것 같다. 우리의 마음이 거기에 가 있지
않고, 우리의 귀조차 거기에 가 있지 않은 것이다!"[2] 그러다 세
월호 참사를 당하자 사람들은 화들짝 놀라며 허둥대고 있다. 그
러고는 '우리가 대체 무슨 짓을 했지?'라고 스스로 묻는 형국이
다. 니체는 말한다.

"이 세상 사람 같지 않게 멍하니 자기 자신에만 몰두해 있다
가 마침 정오를 알리는 열두 번의 종소리가 우렁차게 울려 퍼
지자, 문득 정신을 차리고는 '대체 몇 시를 쳤지?'라고 묻는 사
람처럼, 우리도 때때로 나중에 가서야 귀를 비비고는, 무척 놀

라고 당황해하며 '우리가 대체 무슨 체험을 했지?' 더 나아가 '우리가 대체 누구지?' 라고 묻는 것이다."[3]

니체는 우리에게 "우리가 대체 누구냐?"를 자문하라고 말한다. 세월호 참사의 주범이든, 아니면 그 참사의 간접적인 원인제공을 한 공범이든 '나는 누구인가?'를 질문하라는 것이다. 물론 대답은 쉽지 않다. 우리는 우리 자신을 잘 알지 못하기 때문이다. 니체에 따르면, "여기에는 그럴 만한 충분한 이유가 있다. 우리가 우리 자신을 한 번도 탐구해 본 적이 없었기 때문이다."[4] 세월호 참사의 근본적인 원인분석은 바로 니체의 이 말에서 출발해야 한다. 우리들은 지금까지 "무언가를 '집으로 가져가는' 단 한 가지 일에만" 몰두했을 뿐 자기 자신을 진지하게 탐구해 본 적이 없었기 때문이다. 가정에서, 학교에서, 그리고 성인교육에서도 그런 탐구에는 관심을 두지 않았다.

성인교육의 출발, 나는 누구인가?

'나는 누구인가?'라는 존재론적 물음은 철학의 시작이자 교육의 출발이다. 교육은 존재론적 물음에서 출발해 개개 인간의 '각자성' 발현이란 목적을 실현시키기 위한 전 생애에 걸친 배움의

여행이다. 그렇다면 니체는 왜 '나는 누구인가?'를 질문하라고 하는가? 니체의 문제제기는 전통적인 존재론적 물음의 전제를 계보학적 측면에서 비판하기 위한 의도에서 출발한다. 다시 말해 인간의 사고는 특정한 시대, 특정한 지역의 고유한 편견에서 자유롭지 못하기 때문에 "우리는 우리 자신에게 필연적으로 낯선 존재"일 수밖에 없다는 것이다. 더 나아가 필연적으로 "모든 사람은 자기 자신에게 가장 먼 존재"인 것이다. 니체의 이러한 질문은 교육학적, 심리학적으로 중요한 의미를 지닌다. 즉, '나는 누구인가?'가 개인의 행동을 결정하기 때문이다.

2013년 7월, 미국 샌프란시스코 공항에서 아시아나 여객기가 사고를 냈다. 기체가 폭발하기까지 걸리는 시간은 80초. 사망자가 발생한 큰 사고였음에도 불구하고 80초의 생사가 갈리는 시간에 보여 준 승무원들의 침착하고 헌신적인 대처를 칭찬하는 목소리가 끊이지 않았다. 외신은 한 여성승무원을 영웅이라고 칭송했다. 반면, 2012년 1월 이탈리아 유람선 코스타 콩코르디아호 좌초사고 시 선장은 300백 명의 승객을 버리고 앞장서 탈출했다. 다행히 남은 선원들이 잘 대처해 승객 99% 이상이 생존했다. 선장은 무려 2697년을 구형받고 재판 중이다.
2014년 4월, 우리 역사에 전무후무할 충격적인 세월호 참사가 벌어졌다. 그러나 많은 사람들이 그 사고에서 여전히 이해할 수 없다고 이구동성으로 말하는 의문이 있다. 선장이나 선원들이 왜 승객들에게 하선 명령을 내리지 않았을까 하는 의문이다. 그 촌각을 다투는 시간에 선장과 일등항해사는 본사와 전화통화를 하며 침몰 이후 대책을 모의하느라 금쪽같은 시간을 허비한 후, 학생들을 '죽음의 덫'에 가둔 뒤 비겁하게 혼자만 탈출했다. 부근에 있던 어민도 로프를 만들어 승객을 구조하고 있던 위급한 상황이었기에 선장이나 선원의 행동은 도저히 이해가 안 되었다.

언감생심 선장과 승무원이 승객을 위해 목숨 바쳐 희생하길 바라지는 않더라도 승객들에게 같이 탈출하자는 안내는 했어야 인간이다. 승객이 산다고 자신이 희생되는 상황이 아니었기 때문이다. 일본 도호쿠지진 때 미야기농고의 학생들은 다급한 상황에서도 소나 돼지 축사의 문을 열어 주고 피신했다고 한다. 하물며 인간이 아닌가. 선장과 승무원의 의식구조 속에는 사람은 존엄과 보호의 대상이 아니라 통제와 관리의 수단일 뿐이라는 사이코패스적인 비인성적 의식이 박혀 있다는 사실을 전제하지 않으면 의문이 풀리지 않는다. 반면에 선원이라고 다 그런 건 아니었다. 젊은 한 여승무원은 "선원들은 맨 마지막이다. 너희들 다 구하고 난 나중에 나갈게."라고 말하며 마지막 순간까지 구명조끼를 학생들에게 양보하다 목숨을 잃었다. 뿐만 아니라 제자를 구하느라 미처 빠져나오지 못하고 숨진 교사들의 살신성인 정신도 고개를 숙이게 만들고 있다.

노예적 자기개념

그렇다면 세월호 선장과 승무원은 왜 승객들을 대피시키지 않았을까? 똑같은 상황에서 사람의 행동을 가르는 것은 무엇일까? 다시 말해, 무엇이 사람의 행동을 결정하는 것일까? 행동이 한 개인의 성공과 실패, 행복과 불행을 판가름 내는 기준임을 생각해볼 때 이 질문에 대한 답은 중요하다.

사태가 긴박한 순간에 선장과 승무원의 행동을 결정한 것은 바로, '나는 누구냐?'에 대한 자신의 인식이었다. '나는 누구냐'는 물음은 철학적으로는 인간의 본질을 의미하지만, 심리학적으로는 셀프 콘셉트self-concept, 즉 자기개념을 가리키는 것이다. '나는 누구인가'의 질문에 대한 답이 '나는 어떻게 행동할 것인가'를 결정한다. 생사의 갈림길에서 학생을 먼저 구한 교사는 자기개념이 명확히 '선생님'이었던 반면에, 선장과 승무원의 생각과 행동을 지배하고 있었던 '자기self개념'은, 단언컨대 선장이나 선원이 아니었다. 단지, 청해진해운 직원이란 자기개념만 있었기에 위기의 순간 수백 명의 생명을 구하기보다 회사의 문책에 더 관심을 쏟으며 전화기에 매달려 있었던 것이다. 자기개념의 부재가 행동의 부재로 연결된 것이다.

자기개념이란 '자신이 누구인가'에 대한 인식으로서 자신의 이름에서부터 성격, 직업, 가족, 신체적 특징 등 자신과 관련된 수많은 정보가 포함된다. 일종의 자아상self-image인 것이다. 한 사람은 동시에 수많은 자기개념을 가지고 사는데, 이를 테면 필자의 경우 한 여자의 남편이고, 두 아들의 아빠이고, 제자들에게는 교수이고, 학교 동창을 만나면 친구가 되고, 이 책을 쓰는 저자이기도 하다.(5) 적절한 순간에 적절한 자기개념이 행동을 지배하는 것이고 또 지배해야 올바른 사람으로 인식되는 것이다.

납품업체로 선정되도록 힘써 달라는 청탁과 함께 뇌물을 받은 공직자는 시민의 공복公僕이라는 자기개념이 역할을 못한 것이다. 감사원 감사관이 감사편의 청탁과 함께 뇌물을 받는다든가, 국회의원이 특권을 내려놓지 않고, 의사가 부정 의료행위를 하고, 교사가 시험문제를 유출하는 것도 자기개념이 역할을 못한 것이다. 원래 그런 자기개념이 없었든지, 아니면 그 순간에 '뇌물의 유혹에 걸려' 자신을 포기한 것이다. 자기개념이 없거나 상실하는 순간, 자신의 정체성은 사라진다. 공직자로서, 의료인·교육자로서, 그리고 선장과 선원으로서의 정체성이 실종된다. 인생의 행복과 불행, 성공과 실패의 블랙박스가 바로 셀프 콘셉트인 것이다.

역량이론의 대가인 심리학자 스펜서Spence(6)는 '자기개념self-concept'이 바로 인간의 행동을 결정하는 핵심 역량이라고 말한다. 이들에 따르면, 사람은 누구나 공통적으로 다섯 가지의 역량, 즉

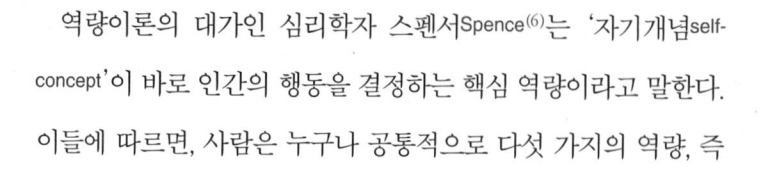

1. 지식, 2. 스킬, 3. 자기개념(태도, 가치 혹은 자아상), 4. 동기, 5. 특질을 갖고 있다. 이런 역량은 마치 바다의 빙산과 같아서 수면 위로 보이는 역량이 있는가 하면 물속에 깊이 잠겨 있는 역량도 있다. 어떤 직업의 직무를 수행하든, 그 직무에 필요한 지식과 스킬이 있는데, 이 역량은 쉽게 파악할 수 있고 교육훈련을 통해 바꿀 수도 있다. 반면에 개인이 갖고 있는 동기나 특질은 빙산의 맨아래쪽에 파묻혀 있어 쉽게 드러나질 않는다. 교육훈련으로 바꾸기도 쉽지 않다.

수면 바로 밑에 위치해 있어 보일 듯 말듯 한 역량이 바로 자기개념, 즉 가치value와 태도attitude다. 겉으로 잘 드러나 있지 않아 쉽게 알 순 없지만 교육훈련에 의해 얼마든지 변화가 가능한 역량이다. 개인이 갖고 있는 가치는 판단과 선택의 기준이 되며 행동을 설명하고, 또 행동에 영향을 미치는 매우 강력한 요인이다. 예를 들어, 선장이 지닌 가치는 선장으로서의 신념에서 비롯되며 직무수행의 판단과 선택의 기준이 된다. '나는 선장이다.'라는 자신감이나 신념이 바로 선장이란 직업※에 대한 가치인 것이다. 심리학자들은 개인의 가치가 태도를 결정하고, 태도가 행동을 가져온다고 주장한다. '가치 → 태도 → 행동'의 도식이다. 선장으로서의 가치가 태도를 형성하고 행동을 결정하는 것이다.

그러나 세월호 사건에서 주목해야 할 점이 있다. 자기개념은 공짜로 얻어지는 게 아니라는 점이다. 세월호 선장이 선장으로서의 자기개념을 갖기 위해서는 그에 합당한 대우와 지속적인 자기개념 교육이 필요하다. 세월호의 선주인 청해진해운의 선장 및 선원 대우는 어떠했는가? 여객선 운영은 사람의 목숨을 담보로 하는 사업이다. 그러나 청해진해운 오너 일가는 '승객의 안전'보다 '돈'을 우선시하는 경영철학을 고수했다. 선장으로서의 긍지와 책임을 가질 수 있게 정규직 선장을 채용하는 대신 고령(69세)의 계약직 선장을 싼값에 고용했다. 「근로기준법」의 보호를 받지 못하는 1년 단위의 비정규직 선장이다. 게다가 선장의 급여는 월 270만 원이며 항해사, 기관장, 기관사의 급여는 180~200만 원 선으로 알려졌다. 이는 다른 선박직 급여의 60~70% 수준이다.[7] 청해진해운 선박직 15명 중 9명도 계약직이다. 이들에게 선장 혹은 선원으로서의 명확한 자기개념이 생길 리가 없다. 상황이 이 정도니 선장으로서의 자기개념 교육이 소홀해지는 것은 불 보듯 뻔하다. 선사를 안전하게 운영할 선원의 교육훈련에는 아예 관심도 없는 수준이었다. 운항관리규정에 따르면 선원들은 10일에 1회씩 비상대응훈련과 3개월, 6개월 단위로 훈련을 받아야만 한다. 그러나 사고 전 해에 지출한 교육, 연수비는 모두 합쳐 고작 50여만 원이다. 실전훈련은커녕 구두나 서면으로 대체했다는 얘기다.

2. 세월호 참사의 원인
– 악의 평범성

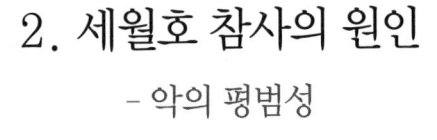

세월호 사건이 터지자 대통령부터 길거리 시민들에 이르기까지 눈물 흘리며 '우리 모두의 잘못'이라고 고백했다. 모두가 '미안하다.' '어른들의 잘못이다.'라고 말했다. 정말 맞는 말이다. 그러나 이런 자책은 정직한 반성임에는 틀림없지만 자칫 잘못하면 이런 논리는 큰 오류에 빠질 수 있다. '우리 모두의 잘못'이란 '누구의 잘못도 아니기 때문'이다. 공동의 책임은 누구의 책임도 아니라는 '책임감 분산diffusion of responsibility'의 오류[1]를 범할 수 있기 때문이다. '모두'의 책임으로 돌리며 죄책감과 책임감을 N분의 1로 나누다 보면 개개인이 가지는 책임감의 크기는 0에 가깝게 수렴될 수 있게 된다. 그러다 보면 오히려 모두가 책임지지 않는 상황을 만들 수 있고, 결국 진짜 책임 있는 사람들이 빠져나가는 빌

미가 될 수도 있다. 피해자의 치유에, 더 나아가 우리 사회개조에
도 도움이 되지 않는다. 우리 '모두의 잘못'이 구체적으로 '누구의'
'무엇인지'를 반성적으로 논의할 필요가 있는 것이다.

세월호 참사가 발생한 지 몇 달 안 되어 실시된 7월 재·보궐
선거에서 여당인 새누리당이 승리했다. 세월호 사건만큼이나 비
상식적이고 기괴한 승리였다. 476명의 승객 중 스스로 탈출한 승
객을 '인양'한 것 외에는 실질적으로 단 한 명도 구출하지 못한
국가적 참사의 책임자인 정부여당이 승리했기 때문이다. 이 또한
상식이 배반당하는 현상이었다. 선거에서 승리하자 새누리당에
선 "세월호는 교통사고"라는 말들이 흘러나왔다. 참사를 불러온
정부여당의 국회의원답다는 비난이 쏟아졌다.

세월호 사건이 단지 대형 해난사고라면 국회의원의 망언처럼
교통사고로 그칠 것이다. 또한 그런 교통사고를 교육 혹은 성인
교육 차원에서 굳이 인과관계를 성찰해 볼 이유가 없을 것이다.
그러나 이 사건은 언론보도로 드러난 사실만을 보더라도 단순한
교통사고가 아닌 사건이며 참사다. 그것도 국가의 무능이 빚은 대
참사였다. 당시 상황을 좀 더 구체적으로 그려 보자.

2014년 4월 15일, 오후 9시경. 짙은 안개 때문에 출항허가가 2시
간 반이나 늦춰진 시간에 그때도 여전히 안개가 짙게 깔린 인천항

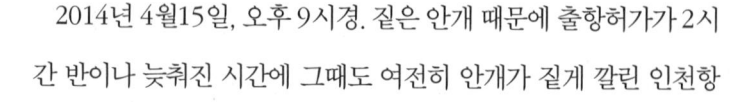

에서 출항한 이 배가, 그다음 날 여명이 막 지난 오전 8시 52분경 맹골 수도 한가운데서 왼쪽으로 약 10도쯤 급변침하면서 갑자기 좌현으로 30도가량 급속하게 기울기 시작한 시점부터 11시 18분 뱃머리 일부만 남기고 바다 밑으로 침몰할 때까지 2시간 26분 동안, 바닷물 속으로 빠져 들어가는 세월호를 둘러싸고 사고현장과 연결된 '전라남도 해경 → 대한민국 정부(안전해양부, 해양수산부, 교육부, 국가정보원) → 청와대'에 이르는 대한민국 국가통치의 중추작동체계는 완전히 작동정지였다. 그 결과는 당시 세월호에 탑승했던 승객(447명)과 승무원(29명) 총 476명 가운데 배에서 자발적으로 탈출해 나온 172명을 단지 인양한 것 말고는 나머지 304명이 사망하거나(294명) 실종됨으로써(10명) 국가가 단 한 사람의 인명도 구조하지 못한 '한국전쟁 이래 최악의 대참사'였다.[2]

니체의 말종인간과 악마

앞의 내용을 보면 세월호 참사는 직접적인 원인과 그 원인 뒤에 수많은 고리들이 복잡하게 연결되어 발생한 것이란 점을 쉽게 알 수 있다. 따라서 직접 위법행위를 저지른 자에 대한 책임을 물음으로써 이 사건을 둘러싼 정치, 사회적 책임에 면죄부를 주려는 시도를 경계해야 한다. 먼저 직접적인 원인부터 보자.

배가 기울기 시작하자 이준석 선장 등 세월호 선원 8명은 5층 조타실로 모였다. 배가 빠르게 물속으로 가라앉는 상황에서 그들은 어떠한 조치도 취하지 않았다. 우왕좌왕하던 선장은 결단을 내렸다. '내가 먼저 살기로.' 이들은 사고 발생 1시간 만인 오전 9시 45분에 조타실을 벗어났다. 기울어진 배에서 구조물을 간신히 붙잡으며 선원 전용통로를 통해 탈출했다.[3]

세월호 '사고'의 직접적인 원인은 말할 나위 없이 사고현장에서 승객구조의 책임을 저버린 선장과 선원들의 무책임과 도덕적 무감각에 있었다. 세월호 참사의 직접적인 원인으로 선장과 선원들의 비겁하고 무책임한 행동이 알려지자 이들에 대한 비난의 화살이 국내외에서 빗발쳤다. 〈뉴욕타임스〉[4]는 "세월호의 이준석 선장은 세계 해운인들의 명예를 더럽혔다. 그의 행동은 블로거들 사이에 '세월호의 악마'라는 별명을 얻고 있다."라는 비난기사를 실었다. 선장을 악마evil of the Sewol라고까지 표현하며 비판한 것이다.

선장과 선원들의 행위는 인간이 어느 정도까지 비루해질 수 있는가를 생각하게 한다. 니체는 이렇게 인간의 왜소함이 극단에 이른 경우를 '말종末種인간der letzte Mensch'이라 명명한다. 니체에 따르면, 그런 사람들은 "교양이란 게 있어서 자기들이 염소치기보다 뛰어나다"고 생각하지만 위급한 지경에 이르면 "경멸스러운"

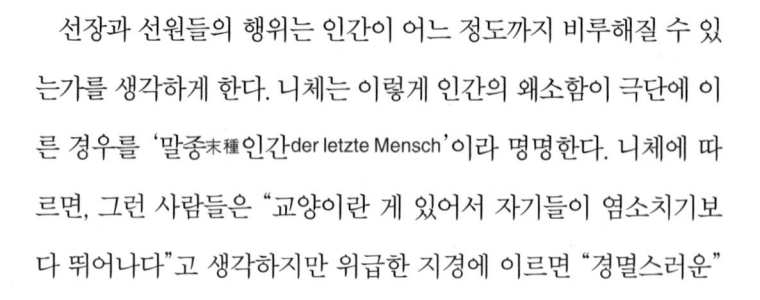

행동을 한다는 것이다.

"나 저들에게 더없이 경멸스러운 것에 대해 말하려는 것이
다. 인간 말종末種이 바로 그것이다…… 슬픈 일이다! 자기 자
신을 더 이상 경멸할 줄 모르는, 그리하여 경멸스럽기 짝이없
는 사람의 시대가 올 것이니. 보라! 나 너희에게 인간 말종을
보여 주겠으니."(5)

니체는 비천하기 그지없는 인간으로서의 말종인간을 '하나같
이 노예근성을 지닌 허접 쓰레기들', 무리Masse, 떼Herde, 짐승의
무리Herdentier, 천민Gesindel 등의 표현을 써 가며 격하게 비판하
고 있다. 말종인간은 '원숭이'(6) 같은 '떼 인간Herdenmensch'으로서
"생명을 경멸하는 자들이요, 소멸해 가고 있는 자들이자, 독에 중
독된 자들인 바 이 대지는 그런 자들에 지쳐 있다"(7)고 질타한다.
니체의 본래 의도는 현대문화는 이들 말종인간들에 의해 적극적
이며 긍정적인 권력에의 의지를 부정하는 니힐리즘에 이르렀음
을 강조하기 위해서다. 그러나 현대인들은 이런 니힐리즘의 포로
가 되어 근원적 질문인 '왜'의 물음도 없고 답도 찾지 않는 니힐
리즘에 빠져 있다는 것이 니체의 분석이다. 그 결과 이런 말종인
간들은 자신의 안녕만을 돌볼 뿐 모험은커녕 자신의 책임마저도
멀리한다는 것이다.

퇴선명령이나 구호조치 없이 도망친 선장과 승무원들만 니체가 이야기하는 말종인간이었을까? 인명구조의 책임을 다하지 못한 해경 역시 일차적 책임을 면할 수 없을 것이다. 목포 해양경찰서 소속 경비정 123정(100t급)은 4월 16일 오전 8시 58분 출동명령을 받고 오전 9시 30분경 사고 현장에 가장 먼저 도착했다. 하지만 무려 32분 동안 바다를 내달렸을 뿐 상황을 파악할 시도조차 하지 않았다. 123정은 선체진입 등 적극적 구조를 시도하지 않은 것은 물론 승객들에게 대피방송조차 하지 않았다.[8] '내가 먼저 살기로'의 동기로 인명구조를 포기한 해경의 행동은 선장, 선원과 동기 면에서 별로 차이가 없었던 것이다.

해상관제센터의 요원들의 행동 또한 참사의 중요한 고리를 형성하고 있다. 세월호 선원들은 사고 당일 오전 8시 55분 제주 VTS(해상교통관제센터)에 맨 먼저 사고를 신고했다. 제주 VTS는 진도 VTS에 연락을 해 주었고, 선원들은 오전 9시 7분에야 진도 VTS와 교신했다. 진도 VTS는 세월호가 항로를 이탈하고 속도를 크게 줄였어도 이런 '이상징후'를 발견하지 못했다. 세월호가 제주VTS에 신고를 한 뒤 30분이 지나서야 관제센터의 '탈출지시'가 내려졌다.

동일한 실패의 어리석음

뉴욕대학교의 나심 탈레브Taleb교수가 블랙스완black swan으로 일컫는 우리나라의 대형사고·사건에 정부의 책임이 직간접적으로 연루되지 않은 경우는 거의 없었다.[9] 불과 20년 전부터만 거슬러 올라와도, 292명의 목숨을 앗아간 서해 페리호 침몰사고(1993년)를 시작으로 성수대교 붕괴(32명 사망), 충주호 화재(30명 사망), 대구지하철 가스폭발(101명 사망), 삼풍백화점 붕괴(502명 사망), 인천 주상복합화재(55명 사망), 대구지하철 참사(192명 사망, 이천 물류센터 폭발(40명 사망) 사건 등 대형사고가 끊임없이 발생했다. 문제는 과거나 지금이나 사고발생과 대처방식의 궤적에 차이가 없다는 점이다. 신기할 정도로 똑같은 원인, 똑같은 사후대처. 원인은 생명과 안전보다 이윤과 효율을 중시했던 기업과 그를 방치한 정부였으며, 통렬한 '집단각성'과 곧 이은 '집단기억상실증'이 언제나 반복된 사후대처였다.

서해 페리호 침몰사고나 그보다 먼저 일어난 남영호 사고(1970년), 그리고 세월호 사고(2014년)는 과적에다 마구잡이 승선, 운항부주의에 봐주기식 안전검사 등에 이르기까지 40여 년의 시간차가 무색할 정도로 같은 문제점이 되풀이되었다. '사람은 누구나 실패를 한다.'라는 말이 있다. 그러나 전 세계 대형사고 178건의 원인을 분석한 실패학전문가인 동경대학교 나카오 마사유키 Masayuki 교수는 이 말을 정정한다. "사람은 누구나 '동일한' 실패를 한다."[10] 마사유키 교수의 말대로, 대형사고는 갑자기 발생하지 않는다. 이것이 대실패의 특징이다. 보통은 유사한 작은 문제가 가끔 발생하고, 그것을 눈 여겨 보지 않는 동안 연쇄반응이 일어나 눈 깜짝할 사이에 많은 사람들이 희생된다. 정부가 무능하다는 것은 바로 초기의 이러한 사소한 문제들을 관리감독하는 데서 실패한다는 것이다.

세월호 참사의 시작은 2012년 8월로 거슬러 올라간다. 같은 달 청해진해운은 1994년 6월에 일본 히야시카네 조선소에서 건조된 낡은 배를 일본 선사로부터 사들였다. 이어 세월호로 이름을 바꾸고 증축했다. 4, 5층 객실을 고쳐 여객정원을 804명에서 921명으로 늘렸다. 무리한 증축으로 세월호의 무게중심은 11.27m에서 11.78m로 51cm가 높아졌고 총 무게는 6,586톤에서 6,825톤으로 239톤 늘었다.[11] 그러나 해양수산부의 위탁을 받아 이런 여객선의 복원성을 떨어뜨리는 개조를 점검하는 선박안전기술공단은 제대로 책임을 다하지 않았다. 무능했거나 아니면 부패했기 때문이다.

세월호가 실을 수 있는 최대화물적재량은 1,077톤이다. 그러나 사고 당일 세월호는 규정의 갑절 수준인 2,142톤을 실었다. 배의

복원성을 유지하려면 최소 1,694톤의 평형수를 실어야 했지만 당시 세월호에 담긴 평형수는 절반에도 못미치는 761톤이었다. 게다가 화물들을 제대로 고정하지 않았으니 배가 기울면서 미끄러진 화물들이 배의 침몰을 재촉했을 것은 뻔한 일이다. 그러나 해수부는 이러한 화물 과적을 막기 위한 어떤 조처도 취하지 않았다.

이렇게 본다면, 세월호 사건은 앞서 발생한 다른 대형사고들과 마찬가지로 참사의 근본적 원인에 차이가 없다. 세월호라는 배를 인간생명의 안전과 구조에 매우 취약하도록 만들면서까지 수익률의 극대화에만 치중했던 자본독재의 고리와 그 권력질서가 근본 원인이었다. 선사인 청해진해운이라는 기업은 말할 것도 없고 기업경영을 관리감독하는 정부산하 감독관리기관의 일상화된 무책임이 대형참사의 근본원인이었던 것이다. 당시에는 그저 '사소한' 것일지도 모르는 일상화된 잘못들이 쌓여 큰 재앙을 낳은 것이다. 문제는 그 사소함이 일상화되도록 방치하는 정부의 무능과 무책임이 대재앙의 원인이며 세월호 참사는 이를 극명하게 보여주는 전범典範인 것이다.

국가의 무능, 정부의 부재

세월호 참사는 전무후무할 정도로 구조·수습과정에서 국가의 위기관리능력의 총체적 부실을 드러낸 사건이다. 우선 대통령은 사고발생 7시간이 다 되도록 회의를 주재하거나 대면보고를 받지 않았다.[12] 이 또한 기괴한 일이다. 한마디로 세월호 참사에서 정부는 존재하지 않았다. 무능하고 무기력하며 무책임한 공무원들만 우왕좌왕하며 상부의 눈치만 보고 있었다.

무능無能하다는 것은 그 자체로 '악惡'은 아니다. 그러나 정부의 무능함이 돌이킬 수 없는 생명 죽임 현상을 초래한다면 그것은 사회악이자 범죄다. 정부의 첫 번째 무능함은 시스템 구축의 불합리성에 있다. 대표적인 사례가 규제완화다. 불필요한 규제는 완화해야 하지만 필요한 규제는 강화하는 것이 합리적 정책이다. 필요한 규제마저 완화할 경우, 자칫 잘못하면 '아이를 씻긴 물을 버리다가 아이를 버리는 꼴'이 될 수 있다. 세월호 사고의 원인제공인 선박연령 규제완화가 이를 입증하고 있다. 고물 배를 수입, 증축해 사고를 낸 것은 경제활성화라는 명분으로 선박연령을 20년에서 30년으로 늘린 MB 정부의 '생명을 담보로 한' 규제완화가 단초를 제공한 것이다. 그 결과, 국민안전보다 기업이익을 우선시한 규제완화 이후 여객선 사고는 연 평균 13.6건(2003-2007년)에서 17건으로(MB정부 2008-2012년) 증가했고, 사고원인도 기관손상이 9%에서 21%로 2배 이상 늘어났다.[13] 대형사고의 전조前兆였던 셈이다.

말 나온 김에 생각해 보면, 생명과 직결되는 운전면허 간소화 역시 같은 맥락의 '무능함'이다. 이명박 정부는 운전면허제를 '사회적 대못'의 하나로 지목해 간소화했다. 이에 따라 60시간이던 교육이 30시간으로 줄더니, 아예 13시간으로 압축됐다. 선진국의 입장에서 볼 때 이해할 수 없는 정책이다. 호주의 경우, 필기시험과 엄격한 도로주행 시험을 통과해도 1, 2차 임시면허Green P 와 Red P 각각 1년씩 2년이 지나야 정식면허증을 발급받는 것과는 대조적이다. 인명과 직결된 면허이기에 호주정부는 규제를 엄격히 강화하는 것이다. MB정부의 규제완화 결과, 2000년 이후 해마다 줄던 교통사고 사망자가 2011년 이후 다시 증가해 '교통사고는 OECD 국가 중 가장 많고 면허취득은 가장 쉬운 나라'가 되었다. '면허간소화가 인명간소화'를 불렀다는 말까지 나왔다. 규제 '대못'을 뽑는다는 게 '안전핀'을 뽑는 어리석음을 범한 것이다.

시스템 부조리 척결 실패

정부의 두 번째 무능함은 시스템 부조리의 사전척결 실패다. '무엇이 재앙을 만드는가'를 끈질기게 연구한 예일대학의 찰스 페로Perrow[14] 교수는 각기 별개의 것으로 보이는 시스템의 부패, 부조리가 재앙을 불러온다는 점을 사례를 들어 치밀하게 분석해 주고 있다. 과거와 달리 21세기 사회는 시스템의 복잡성 때문에 사고가 개별적 장애가 아닌 다발적 장애가 상호작용을 하면서 발생한다. 그런데 사람들은 사고나 사건의 내재적 연계성을 인식하지 못하는 경우가 대부분이다. 그렇지만 어느 날 갑자기 별개로 여겨졌던 요소들이 긴밀하게 연계되면서 사고가 폭발하게 된다. 페로 교수는 사고는 시스템의 내재적 속성이 일정한 상호작용을 일으켜 발생하는 것이기 때문에 당연한 '정상사고normal accident'라는 것이다. 정상적인 사고이지만 사건 사이의 상호작용을 이해하지 못하기 때문에 사고의 발생을 예측하기가 쉽지 않은 것이다.

정부가 무능하다는 말은 바로 '정상적 사고'인 세월호 참사를 불러온 선박 관련 시스템의 부조리한 다발적 장애를 예방하지 못했다는 점이다. 페로 교수에 따르면 세월호 참사는 선장과 선원의 자질 부족, 선사의 규정위반 및 비리, 선박안전기관과 관료의 유착 등 사고발생 전에는 별개의 것으로 인식되던 비윤리적 관행들이 상호작용을 일으켜 발생한 것이다. '당연히 일어날 수밖에 없었던' 사고다. 정부는 비용절감이나 효율이란 이름으로 고물선박의 수입은 물론 증축을 허용했으며, 기업은 비용절감의 방법으로 안전교육 생략, 자질 없는 선원고용을, 선박안전기관과 관료들은 관행이라는 이름으로 부패의 네트워크를 일상화해 왔다. 평상시에는 사고와는 별개의 것으로 보이는 이런 다발적 부조리의 시스템을 정부가 묵인 또는 척결하지 못한 데서 대형사고가 발생한 것이다.

정부의 세 번째 무능함은 사고 이후에 극명하게 드러난다. 사고

에 대한 초등대응 및 사후대처를 관장하는 정부의 총체적 부실과 무능이 화를 더 키웠다. 관련 주무부처인 안전행정부, 해양수산부, 해양경찰청의 부실한 위기대응 매뉴얼도 문제지만, 더 큰 무능함은 그 매뉴얼을 서로 공유하지 않았다는 데서 드러난다. 안행부는 해수부 매뉴얼을 모르고, 해수부는 해경 매뉴얼을 모르는 식이었다. 게다가 해경과 경찰, 소방방재청이 사용한 무전기의 주파수가 제각각이어서 휴대폰으로 정보를 주고받을 수밖에 없었다. 뿐만이 아니다. 해상교통관제센터와 세월호 간의 교신내용을 보면 사고의 급박성을 재빨리 인식하고 매뉴얼대로 대처하기는커녕 서로 책임을 떠넘기는 듯한 교신 중에 구조를 위한 절체절명의 중요한 시간을 놓쳤다. 학습조직이론의 대가인 미국 MIT의 피터 센게Senge 교수는 정부의 무능함을 다음과 같은 우화로 꼬집는다.

한 행인이 밤길을 가다가 가로등 밑에서 잔뜩 구부리고 무엇인가를 찾고 있는 술주정꾼을 만났다. 그는 그 주정꾼을 도와 잃어버린 열쇠를 찾아보기로 했다. 얼마 뒤 다시 어디서 잃어버렸는지 물어보았더니 그가 대구하기를 자기 집 현관 앞이라 했다. 어이가 없어진 그 행인은 그럼 왜 여기서 찾느냐고 물어보았다. 주정꾼이 답하기를 "거긴 깜깜해서 뭐가 보여야 말이지."[15]

개인이나 조직이나 자기가 아는 것에만 집착하여 익숙한 해결책에만 매달리려 한다는 뜻이다. 이번 침몰 사고에서도 해군과 해경, 각 부처들은 제각각의 언어와 사고로만 해결을 시도했을 뿐 부처 간 협업시스템적 사고는 실종되었다. 시스템적 사고부재의 중요한 원인은 무능해서라기보다는 관료들의 직업의식과 윤리의식이 희박하기 때문이다. 그리고 센게 교수의 지적대로 윤리의식 없이 모두가 열심히 익숙한 해결책에만 매달려 있는 동안 사태는 더 악화되었던 것이다.

참사의 매개원인, 악의 평범성

정부의 크고 작은 무능함은 그 자체로 악은 아닐 것이다. 그러나 세월호 참사에서 드러나듯 정부의 무능은 악의 매개원인으로서 작동한 것은 분명하다. 그렇다면 선장과 선원은 과연 '악마'이고 해경이나 VTS요원들 역시 타인의 고통에 무감각한 특이한 기질의 소유자들인가? 분명히 선장이나 선원이든, 그리고 세월호 참사의 직간접적인 원인을 제공한 다양한 분야의 사람들이든, 그들은 모두 자신들이 생각하는 일상의 상식에 따라 행동했을 것이다. 단지 그날그날의 일상에서 그 상식에 대한 의문을 제기하지 않았을 뿐이다.

상식의 특징은 의문을 유발하지 않고 당연히 받아들여진다는 데 있다. 그래서 "상식은 모두가 인정하는 효과적인 확신"이다.[16] 사람들은 확신에 대해서는 물음을 제기하지 않고 그에 기대어 무의식적으로 행동을 결정한다. 문제는 그 상식은 분명히 나름의 역사를 가지고 있지만 시간과 장소에 따라 수정이 된다는 것이다. 어제는 말도 안 되던 일이 오늘은 상식이 된다. 그래서 어제의 상식은 폐기되거나 진기한 것이 된다. 게다가 상식은 습관이나 모방과 같은 비합리적인 힘의 결과를 최소한 어느 정도 반영한다.[17]

미국 철학자 한나 아렌트Arendt는 이런 상식의 특성이 '악의 평범성'으로 환치되는 것을 경계해야 한다고 주장한 대표적인 철학자다. 아렌트는 제2차 세계대전 당시 대량학살을 자행한 나치 전범 중 히틀러의 측근인 카를 아돌프 아이히만Eichmann이 1963년 체포되어 예루살렘에서 재판을 받게 되었을 때 그 재판을 지켜본 후 처음에는 아이히만의 천박함에 충격을 받았다. 그러나 재판을 계속 참관하면서 아이히만에게서 천인공노할 범죄를 저지른 사악한 악마의 모습이 아니라 흔히 우리 주위에서 볼 수 있는 아주 평범한 한 인간의 모습을 하고 있다는 점을 간파했다. 이를 바탕으로 아렌트는 재판참관 보고서인 저서 『예루살렘의 아이히만』[18]에서 아이히만의 범죄의 특성을 '악의 평범성banality of evil'이라고 결론 내렸다.

아렌트의 주장이 아이히만의 범죄를 평가절하했다는 거센 비난을 불러들인 것은 물론이다. 그러나 그녀가 보기에 아이히만은 흉측하고 정신이 이상한 '악마'가 아니었다. 단지 자기가 무슨 일을 하고 있는지 깊이 사유하고 판단하지 못한 무능에서 비롯되었다는 것이다. 옳고 그름을 구분하지 못하고 조직과 상부가 시키는 대로, 당시의 '상식대로' 충실히 임무를 수행한 평범한 사람이었을 뿐이다. 아렌트는 인간이 악한 행위는 할 수 있지만, 본래 선천적으로 악한 존재는 아니라는 철학적 전통에 기대고 있는 것이다.[19]

여기서 주목할 점은, 악의 평범성은 인간과 악의 관계에 대한 아렌트의 사유의 독자성이 강하게 함축된 개념이지만 오해의 소지가 있을 수 있다는 것이다. 아렌트에게 사상적 영향을 미친 야스퍼스Jaspers의 말대로, 아렌트의 악의 평범성은 인간의 악이 평범하다는 것이지, 악이 평범하다는 뜻은 아니다. 평범성은 악의 현상형태로서, 즉 악이 평범한 것이 아니라 인간의 악이 평범하다는 의미라는 것이다.[20]

그렇다면 악의 평범성의 원인은 무엇인가? 아렌트는 이런 '상식'에 충실한 사람의 특징이 자신이 무슨 일을 하는지 판단할 줄 모르는 '순전한 무사고sheer thoughtlessness'의 행태를 보인다는 점을 밝혀냈다. 그 결과 '악의 평범성' 현상이 발생한다는 것이다. 악의 평범성은 아이히만 뿐만 아니라 당시 반유대주의를 신봉하는 독일군에게 일반화된 현상, 즉 상식이었다. 나치 친위대SS사령관으로 유대인 대학살을 지휘했던 하인리히 히믈러는 아내에게 쓴 편지에서 "히틀러가 내 어머니를 쏘라고 하면 난 그렇게 할 것"이라는 말까지 했다.[21] 그런 히틀러도 아내에게는 결혼기념일을 챙기는 등 자기 가족은 아끼는 평범한 가장이었다. 의사로부터는 '정상적일뿐만 아니라 바람직한 성품을 가졌다'고 진단받기까지 했다.

그런데 놀라운 사실은 악의 평범성은 나치에게만 해당되지 않았다는 점이다. 나치를 대신해 집단수용소에서 유대인들에게 노동을 시키고 학대하며 사형집행을 하고 시체를 처리한 것은 '카포'라는 유대인들이었다. 나치의 강제 수용소에서 인간존엄성의 승리를 보여 준 독일 빈 의과대학의 빅터 프랭클Frankl[22]에 따르면 유대인을 감시하는 병사들보다도, 나치대원들보다도 카포들이 수감자들에게 더 가혹하고 악질적인 경우가 많았다. 물론 카포들은 수감자 중에서 뽑았다. 이들은 일단 카포가 되면 금세 나치대원이나 감시병들을 닮아 갔으며 카포들은 오히려 수용소에 있을 때 가장 영양섭취를 잘한 것으로 알려져 있다.

환경과 몰개성화 현상

악의 평범성은 아무리 평범한 시민이라도 생각하기를 거부하고 비판 없이 집단의 광기에 휩쓸리면 악마가 될 수 있는 허접한 인간성의 민낯을 보여 주고 있다. 인간은 자신의 신념대로 판단하고 행동한다고 생각할지 모르지만 그것은 착각일 수도 있다는 불편한 진실인 것이다. 이를 입증해 주는 고전적인 실험이 있다. 스탠퍼드대학교 사회심리학 교수인 짐바르도Zimbardo가 행한 소위 짐바르도 교도소 실험[23]이다.

1971년 미국 스탠퍼드대학교 심리학과 빌딩 지하의 실험실, 24명의 지극히 정상적인 실험참가자들에게 교도관과 죄수의 역할이 각각 맡겨졌다. 역할수행에 대한 일반적인 규칙이 주어졌지만 참가자들은 자유로운 상호작용이 허용되었다. 교도관 역을 맡은 사람들은 지역경찰의 도움을 받아 실제로 밖에 나가 죄수들을 체포하고 수갑을 채워 감방으로 호송했다. 죄수들에겐 수인번호가 붙은 죄수복을 입혔다.

교도관들에게는 안락한 방과 휴게실이 제공되었다. 교도관들은 특유의 유니폼에 빛이 반사되는 선글라스를 걸치고 8시간 근무를 했다. 신체적인 폭력만 빼고는 실제 교도관처럼 죄수들의 통제에 대한 모든 권한이 주어졌다. 실험이 진행되면서 대부분의 교도관들은 자신에게 주어진 사회적인 힘과 교도관의 지위를 만끽했다. 어떤 교도관들은 신바람이 나서 죄수들에 대해 협박을 하고 공격적이며 모욕적인 언사를 동원해 죄수들을 학대했다. 죄수들은 급속히 정서적인 변화 조짐을 보이기 시작했다. 그들은 예민해졌고 불안과 무기력감, 완전한 노예상태에 가까운 수동적인 태도를 보였다. 어떤 죄수들은 심각한 정신적 고통에 시달리기 시작했다. 하는 수 없이 2주간 실시될 실험이었지만 죄수들의 상태가 우려된 나머지 단 6일 만에 실험이 중단되었다.

짐바르도 교수는 실험의 결과로서 개인의 악행의 원인을 개인의 기질문제만으로 환원할 수 없다고 결론 내렸다. 인간의 복잡한 행동을 이해하기 위해서는 기질과 상황뿐 아니라 사회의 시스템을 고려해야 한다고 말해 아렌트의 주장을 뒷받침해 주었다. 실험에서 보듯, 자신이 맡은 역할이나 역할기대에 집중하다 보면 자신의 행동의 결과에 책임을 져야 하는 독립적인 개인으로서의 자아인식은 약해진다. 이른바 몰개성화-deindividuation 현상[24]이다. 이런 역할몰입현상이 옳은 일을 대상으로 한다면 결과는 바람직할 것이다. 그러나 제2차 세계대전 당시 나치에 의해 자행된 600만 명 이상의 유대인 학살사건이 보여 주듯 반대의 경우라면 엄청난 결과를 초래할 수 있다.

세월호 참사는 우리 역사에서 전무후무할 대형참사였지만 참사를 일으킨 장본인들은 그저 비겁하고 이기적이며 무책임한 보통 사람들이었다. 그 원인은 결국 아렌트가 정의한 '악의 평범성'이었다. 전 국민의 애간장을 끓게 만든 90여 분은 악의 평범성이 적나라하게 드러난 순간이었다. 배가 기울기 시작한 최초의 시각

(8시 48분)으로부터 충분히 사태해결을 위한 구명결단의 시간이 있었다. 그래서 국민들은 '설마하니' 했다. 그러나 어느 누구도 그 황금의 시간에 아무런 결단을 내리지 않았다. 언론은 혼선을 빚었고 관련 행정부서는 부랴부랴 대책본부를 꾸리기만 하면서 그 절체절명의 시간을 허비했다.

안내방송대로 우직하게 객실에서 구조를 기다리는 학생들을 지척에 두고도 혼자만 탈출하는 선장의 모습을 본 국민들은 분노했다. 인간인 이상 어떻게 그럴 수 있느냐는 비판이 쏟아졌다. 그러나 불행히도 이런 비인성적 의식은 우리 역사에 등장하는 정치지도자들에게서도 나타난다. 역사학자 한홍구 교수는 『대한민국사』에서 일갈한다. "그들은(이승만 정권) 정녕 지켜야 할 것을 지키기 위해 자신의 기득권을 버린 적도 없고 희생한 적도 없다. 한국전쟁 때 마오쩌둥도, 미8군 사령관 밴플리트도 아들을 바쳤지만 그들은 한강다리를 끊고 먼저 도망갔다가 돌아와 남은 사람들을 부역자로 몰았다." 도망 못 가 서울에 남아 고생한 시민들을 부역했다고 죽이고 고문하고 연좌제로 묶어 놓은 것이 당시 정부였다.

이런 불행한 역사는 고려시대, 조선시대로 꼬리를 물고 올라간다. 고려가 몽골과 맞서 싸운 대몽항쟁의 역사를 펴 보라. 정부는 무능했고 관리들은 모조리 강화도로 도망쳤다. 몽골군에게 철저히 유린당한 고려 땅을 그나마 지킨 것은 노비와 하층민이었다.

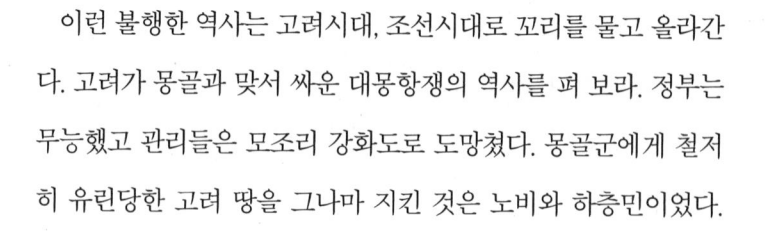

적반하장으로 전쟁이 끝난 후 돌아온 양반들은 노비군이 관의 기물을 훔쳤다며 죄를 뒤집어씌우기까지 했다. 임진왜란 때도 이순신 같은 지도층은 극소수였다. 왜군이 부산에 상륙하자 전선戰船을 모조리 가라앉히고 식량창고에 불을 지른 뒤 도망친 경상좌수사, 부하에게 뒤를 맡기고 줄행랑을 친 경상우수사 원균. 지배계층의 이러한 비겁함, 탐욕의 행태는 우리 역사에서 끝없이 반복돼 오고 있음을 인정하지 않을 수 없다.

　세월호 사고의 선장과 승무원의 행태는 이런 비겁하고 부당한 역사적 사실을 다시 떠올리게 한다. 하지만 철학자 아렌트에 따르면 그들은 악마가 아니다. 종업원을 비정규직 저임금으로 착취하고 승객생명을 담보로 이익을 취하는 기업의 상식에 희생당한 사람들일 뿐이다. 물론 의심하지 않고 질문하지 않은 죄는 벗어날 수 없지만. 출항 직전까지도 승객의 안전은 팽개치고 돈만 좇는 기업경영을 해 온 선사 실소유주와 임직원들도 선장과 마찬가지로 주변의 평범한 사람들이었다. 더 나아가, 해양수산부와 짬짜미를 통해 선박의 안전검사를 부실하게 함으로써 참사의 원인을 제공한 관련 업체들의 임직원들이나 해경 관계자들도 마찬가지다. 그들은 괴물이나 악마가 아니다. 단지 자신들이 속한 조직의 비윤리적 상식인 '천민자본주의'에 질문을 하지 않은 노예였을 뿐이다. 니체의 표현을 빌리면 이들은 '노예'이거나 '짐승의 무리

herde'였던 것이다.

세월호 참사와 변신론

19세기의 삶을 살았지만, 향후 펼쳐질 20세기의 대중사회를 예언적으로 비판했던 사람이 니체다. 그는 '신자유주의' 파고 속에 대중사회가 어떠한 도덕과 가치관을 견지하고 그 결과 어떠한 새로운 니힐리즘에 빠지게 될 것인지를 정확히 예견한 것이다.

세월호 참사를 당하게 되자 일부 목회자들의 망언이 세간의 손가락질을 받은 적이 있다. 서울의 어느 대형교회 목사는 주일예배 설교에서, "하나님이 공연히 이렇게 (세월호를) 침몰시킨 게 아니다. 나라를 침몰하려고 하니 하나님께서 대한민국 그래도 안 되니, 이 어린 학생들, 이 꽃다운 애들을 침몰시키면서 국민들에게 기회를 주는 것"이라고 말했다.[25] 아무리 설교의 형식을 빌렸다지만 도대체 상식 이하의 이런 망발은 어디에서 기인하는 것일까? 세상의 악과 고통에 대한 이해와 해석이 한계에 부딪힐 때마다 무능한 종교인들이 흔히 들이대는 일종의 천박한 변신론辯神論이다. 변신론은 근대철학자 라이프니츠Leibniz에 이르러 완성된 형태로 나타나는데, 그에 따르면 악이 없이는 선이 존재할 수 없고 악을 거쳐 선이 증가하며, 전체의 조화를 위해 악 자체는 선을

이루는 계기가 된다는 것이다.[(26)]

신학의 영역은 검증 불가능한 부분이니 그렇다 치자. 그러나 왜 아무 죄 없는 어린 학생들이 그 악의 대상이 되어야 하는가? 무고한 희생을 요구하는 그런 신은 도대체 어떤 신인가?에 대한 물음에 답을 해야 한다. 툭 하면 변신론을 들이대는 목회자들은 실존주의 사상가 알베르 카뮈가 『페스트』에서 "나는 어린이들이 만신창이가 되어 학살당하고 있는 것을 허락하는 창조주를 죽는 순간까지 거부하겠소."라고 절규한 것에 대해 설명해야 한다.

저명한 신학자이자 생태학자인 한스 요나스Jonas는 흔히 성서의 욥의 물음으로 정식화되는 이 물음에 대해 다음과 같은 신학적 차원의 대답을 제공한다.

"죄에 대한 응보도, 옳음의 증거도 아우슈비츠라 이름하는 사건을 해명하지 못한다. 순종이나 불순종, 신앙이나 불신앙, 죄나 벌도, 시험이나 증거나 구원의 희망도 이 사건을 해명하지 못한다. 약함이나 강함, 용맹함이나 비겁, 반항과 복종은 더욱더 해명하지 못한다. 거론된 어떤 것도 아우슈비츠의 미성년 어린이들에게는 적용되지 않으며 그럴 건더기도 없다. 아우슈비츠에서 이 미성년 어린이들은 (여호와의 증인들처럼) 신앙을 위하여 죽어간 것도 아니고 신앙 때문에 죽어 간 것도, 혹은 그들 인격에서 나온 어떤 의향 때문에 살해된 것도 아니다."[(27)]

우리는 변신론적 설명에 대한 요나스의 단호한 이 비판의 글귀에서 아우슈비츠란 용어 대신에 세월호를 집어넣어야 한다. 그리스도교 전통에서는 무고한 세월호 학생들의 희생을 설명하지 못할 경우 흔히 '응보론'을 내세우기도 한다. 즉, '신은 사람들이 죄와 잘못을 저질러 벌하신다'는 것이다. 죄에 대한 벌로서 고통이 가해진다는 해석방식이 지닌 가장 큰 장점은 그 고통과 악에 대한 사회구조적인 원인을 파묻고 사회질서를 유지시켜 주는 역할로 작용하는 것이다. 정부를 포함해 세월호 참사의 책임이 있는 자들에게는 솔깃한 신학적 논리가 아닐 수 없다. 앞서 말한 목회자 역시 이 점을 간파하고 있을 것이다.

니체의 짐승의 도덕

그렇다면 이러한 변신론적 도덕의 특징은 무엇인가? 또 그런 도덕은 어디서 기원한 것인가? 세월호의 죽임현상을 변신론이나 응보론으로 해석하는 사람들의 가치관이나 도덕을 니체는 한마디로 노예도덕의 전형이라고 규정한다. 실제로 니체는 노예도덕의 전형적 예를 그리스도교 도덕에서 찾는다. 니체의 관심은 변신론이나 응보론 같은 그리스도교적 도덕이 옳고 그르냐에 있는 것이 아니라 그런 도덕적 가치들이 어디서 기원했고, 어떻게 형성되었는가에 초점이 맞추어져 있다. 니체는 자신이 살았던 19세기 독일의 부르주아이며 그리스도교를 신봉하는 사람들이 선과 악, 양심과 동정심 같은 도덕적 가치들은 물론 가치판단이나 심미적 판단마저 그 자체로 선험적으로 존재하는 것이거나 혹은 인류 일반에게 보편적으로 타당한 것이라고 믿고 있는 점에 주목한다. 따라서 니체가 보기에 그들은 어떤 특정한 시대의 특정한 지역에서 통용되는 고유의 편협하고 왜곡된 세계관에 사로잡혀 있는 노예와 다름없었다. 그러나 니체는 이런 가치들은 사실상 역사적으로 형성되어 온 것이라는 점을 치열하게 추적해 나간다. 이를 밝혀내기 위해 선악과 같은 도덕적 개념들이 어떤 역사를 거쳐 형성되었는지를 계보학적으로 파헤친다. 『도덕의 계보』는 다음과 같은 근본적인 물음으로부터 시작한다.

"우리의 선악은 과연 어떤 기원을 가지고 있을까? (중략) 인간은 어떤 조건을 토대로 선악이라는 가치판단을 생각해 낸 것일까? 그리고 그들 가치판단 그 자체는 어떤 가치를 가지고 있는가? 그것들의 가치판단은 이제까지 인간의 진전을 저해해 왔는가? 아니면 촉진시켜 왔는가? 그것이 삶의 위기와 빈곤, 퇴화의 징조인가? 아니면 반대로 그 속에서 삶의 충만, 힘, 의지가 그 용기와 확신과 미래가 드러나는 것인가?"(28)

도덕의 계보를 추적한 끝에 니체는 도덕을 노예의 도덕과 주인의 도덕으로 구분한다. 니체는 지금까지 지상을 지배해 왔고, 또 여전히 지배하고 있는, 좀 더 세련되지만 거친 많은 도덕을 편력하면서, "나는 어떤 특정한 특질들이 규칙적으로 서로 반복되거나 연결되어 있다는 것을 알았다. 즉, 주인도덕과 노예도덕이 있다"(29)고 주장한다. 이어 그는 두 가지 도덕에는 근원적인 차이가 있음을 밝혀낸다. 주인의 도덕은 지배자들에게서 나온 것이고, 노예의 도덕은 피지배자들, 예속된 자들, 박해를 받는 자, 억압을 받는 자, 고통을 받는 자, 자신에 대한 확신이 없는 자, 노예들한테서 생겨났다는 것이다.(30)

좀 더 설명하면, 니체는 노예 위에 군림하는 강한 자들에 대한 원한 감정, 즉 르상티망Ressentiment이 노예도덕의 근원이라고 보는 것이다. 원한 감정을 일으키는 그들은 악惡이며, 그들에게 핍박받는 자신들이 선善인 것이다. 니체는 선과 악의 기준이 다수의 피지배계층의 지배자들에 대한 원한과 증오에서 비롯됐다고 주장한다.(31) 이러한 노예도덕은 핍박받던 유대민족에 의해, 그들 종교인 기독교를 통해 도덕에서 헤게모니를 장악하게 된다. 선악의 기준을 만든 피지배 계층은 자신의 원한을 분출해 지배자들에게 복수했는데, 이 복수가 여러 가지 우회적인 형태로 지난 2천년 동안 서구인들에게 서서히 정착돼 왔다고 주장한다. 그로부터 현실적 쾌락을 악으로, 내세에 대한 믿음을 선으로 보는 가치관

이 만들어진다는 것이다.(32)

세월호 참사를 불러들인 문화적 배경요인으로서 니체가 말하는 노예도덕은 시사하는 바가 크다. 우선 니체는 노예도덕의 특징을 '무리동물의 도덕'으로 규정한다. "오늘날 유럽에서의 도덕은 무리동물의 도덕이다. …… 좀 더 차원 높은 도덕이 가능하며 가능해야만 할 것이다.(33) 니체는 당시의 군중들이 같은 민족, 같은 종교를 공유하면서 같은 도덕을 보편적인 것인 양 신봉하며 똑같이 행동하는 모습을 밉살스러운 듯 '무리Herde를 지어 다니는 동물의 도덕'이라고 비판한다. 아울러 짐승의 도덕을 벗어나 차원 높은 도덕을 갖춘 인간사회가 되어야 한다고 역설한다.

니체가 동물 중에서도 굳이 무리를 지어 다니는 동물에 비유한 것에 주목할 만하다. 사자나 호랑이는 강자다. 따라서 그들의 생각과 행동은 독립적이고 주체적이다. 반면에 하이에나는 반드시 무리를 지어 다닌다. 그들의 의식과 행동은 타자 의존적이며 비주체적이다. 같은 맥락에서 강자의 도덕인 주인도덕은 삶을 자기극복을 통해서 조형하려는 강한 의지, 본능적 욕구들의 긴장적 대립을 제어하는 능력, 자기긍정과 자기가치감을 새로운 선의 내용으로 제시할 수 있는 자질을 갖춘 사람들의 도덕이다. 반면, 노예도덕의 소유자들은 가치체계를 주인 도덕의 소유자처럼 주체적이고 자율적으로 정립할 수 없는 존재들이다.(34) 이들 무리 짐승이 지닌 단 하나의 행동준칙은 '무리와 동일하게 행동한다.'는 것이다. 누군가 특별하거나 탁월한 것을 싫어한다. 짐승의 무리에서는 전원이 일치하는 것 자체가 목적이 되고 만다.

바로 여기에서 짐승의 무리를 위한 도착적倒錯的인 도덕이 탄생하게 된다.[35] 도착적이라 한 이유는 어떤 행위가 도덕적인지 아닌지에 대한 판단을 그 행위에 내재하는 가치나 그 행위가 가져다줄 이익이 아니라 단순히 다른 사람과 동일한지 아닌지를 기준으로 결정하기 때문이다. 그리스도교 도덕에서 보듯, 교리와 동일하면 선, 다르면 악이 된다. 그것만이 도덕의 유일한 기준이다. 따라서 이들은 신분적 의미에서의 천민이 아니라 스스로 가치창조를 하지 못한다는 의미에서 천민賤民이다.[36]

결국, 니체의 논리에 따르면 세월호 참사는 한국사회에 팽배한 노예도덕이 불러온 부메랑이다. 아우슈비츠 사건 이후에는 이성적이고 합리적인 변신론이 더 이상 가능하지 않다고 선언한 레비나스Levinas의 말[37]대로, 세월호 참사는 어떠한 변신론이나 응보론으로 설명될 수 없으며 설명해서도 안 된다. 참사의 원인은 전지전능한 신의 측량할 수 없는 섭리나 인간의 잘못에 대한 신의 응보가 아니다. 선을 이루기 위한 필요악이라는 식의 교묘한 변증법적 필연성에 전가하는 천박한 논리를 경계해야 한다. "가난한 자들이 존재하는 것은 신이 그들을 벌해서가 아니라, 여러분이 나누어 주지 않아서다."라는 인도의 마더 테레사 수녀의 말처럼, 세월호 참사의 인과관계는 뚜렷하다. 온전한 인간으로서의 가치창조 대신 탐욕과 비리에 젖어 권력, 명예, 돈, 쾌락만을 좇는 현대 노예들의 악의 평범성이 세월호 참사를 불러들인 것이다. 대통령에서부터 관료, 기업인, 공무원 등에 이르기까지 관련된 자들의 노예도덕에서 기인한 악의 평범성에서 참사의 원인을 찾을 수밖에 없는 것이다.

3. 악의 평범성의 원인
- 순전한 무사유

  그렇다면 니체의 노예도덕이나 아렌트의 악의 평범성은 어디서 기인하는 것인가? 아렌트는 악행惡行은 그 행위자의 어떤 특정한 약점이나 병리학적 측면 또는 이데올로기적 확신으로 그 근원을 따질 수 없다고 결론 내린다. 다만, 조직에서 당연시하는 상식에 의문을 제기하지 않을 때 '악의 평범성'은 다양한 얼굴을 하고 개인을 지배하게 된다는 것이다. 자신이 무슨 일을 하는지 판단할 줄 모르는 '순전한 무사유sheer thoughtlessness', 깊이 사유하고 판단하지 못하는 무능에서 악의 평범성이 비롯된다는 결론이다. 아이히만이 재판과정에서 자신을 변호하며 태연하게 주장한 말에 주목할 필요가 있다.

"나는 결코 사악한 동기에서 행동한 것이 아니고, 누구를 죽일 어떠한 의도도 결코 갖지 않았으며, 결코 유대인을 증오하지 않았다. 그러나 그와는 다르게 행동할 수는 없었으며 또한 죄책감을 느끼지 않는다."[1]

그런데 '생각하는 법'을 잃어버린 것은 집단수용소의 유대인도 마찬가지였다. 그들은 독일 간수들보다 수적으로 월등했지만 저항하거나 폭동을 일으키지 않았다. 유대인들은 거의 대부분 이송 지점에 정시에 도착했고, 제 발로 처형장까지 걸어가며 자신의 무덤을 파고 옷을 벗어 가지런히 쌓아 놓고 총살당하기 위해 나란히 눕기까지 했다. 아이히만 재판 당시, 당연히 의아할 수밖에 없었던 검사들이 증인을 향해 묻기까지 했다. "왜 당신은 저항하지 않았습니까?" "왜 당신은 기차에 탔습니까?" "1만 5천 명의 사람들이 거기에 있었고 수백 명의 간수들만 당신과 마주하고 있는데 왜 당신은 폭동을 일으키거나 비난하거나 공격하지 않았습니까?" 이에 대해 쉽게 대답한 사람은 거의 없었다.[2] 유대인 카포는 나치보다 더 악랄하게 동족을 괴롭혔다. 그들은 왜 저항하지 못했을까?

이에 대해 아렌트는 가해자인 나치나 피해자인 유대인 모두 '생각하는 방법'을 잃어버렸고, 그것을 잃어버리면 양심의 가책을 느끼지 않는다고 분석한다. '살인하지 말라.'라는 양심의 유혹에 빠지지 않는 방법, 곧 '생각하지 않는 방법'을 전체주의 체제로부터 배워 버린 결과라는 것이다. 실제로 나치는 온순한 국민들을 효과적으로 학살에 가담시키기 위해 '언어 규칙'과 관료주의 체계를 이용했다. 언어 규칙은 너무도 비인간적이어서 도저히 용납할 수 없는 현상을 일상용어로 대체해 버리는 방법이다. 그들은 학살을 '의학적 판단을 내린 후 편안한 죽음을 제공하는 것'으로 치환시켜 버렸다. 잔학성의 본질이 일상의 현상과 비교될 수 없게끔 하기 위해서였다. 나치의 이런 행위를 예견이라도 하듯, 니체는 『도덕의 계보』[3]에서 짐승과 같은 집단의 도덕의 특징이 바로 언어의 재해석이라고 말한다. 이를테면 '비겁함craven'을 '겸손humility'으로, '복수할 능력 없음'을 '용서'로 '복수'를 '정의'로 '적에 대한 증오'를 '정의말살에 대한 증오' 등으로 바꾸어 행위의 정당성을 조정한다는 것이다.

밀그램 실험과 청해진해운

그렇다면 생각하지 못하는 이유는 무엇일까? 무엇이 특정한 상황에서 인간에게 사유능력을 박탈하는 것일까? 아렌트 사후에 시행된 여러 심리학 실험에서는 그 이유를 집단의 권위에 맹목적으로 복종하게 만드는 조직 혹은 사회구조의 탓으로 돌리고 있다. 대표적인 실험이 예일대학교 심리학과 스탠리 밀그램Milgram 교수가 실시한 실험[4]이다.

　4달러의 수당을 받고 실험에 참가한 일반사람들에게는 교사의 역할이 주어졌고 학생의 역할은 실험팀의 팀원이 맡았다(실험 참가자는 이를 모른다). 학생은 손목에 전기선이 부착된 의자에 묶여 있다. 교사 역을 맡은 실험 참가자는 전기충격을 가하는 장소에 앉아 학생에게 질문버튼을 눌러야만 한다. 실제로는 충격이 가해지지 않지만 실험 팀원인 학생은 고통스러운 연기를 한다. 횟수가 거듭될수록 전기충격은 강해지고 학생의 고통은 점차 심해진다. 학생은 처음엔 아프다고 말을 하다 비명을 지르고, 급기야는 기절하는 연기를 한다. 실험 중에 많은 참가자들은(교사) 뒤에 서 있는 실험자에게 걱정스러운 질문을 하거나 더 이상 못하겠다는 의사를 표현한다. 그러나 흰색 실험복 차림의 실험자는 다음의 내용이 적힌 지시사항을 제시한다. "전기충격은 고통스럽겠지만 피부조직에 영구손상을 입히는 것은 아님. 그러니 계속하시오." 만일 교사가 계속해서 이의를 제기하면 실험자는 다음의 세 개의 카드를 순차적으로 제시한다. "실험을 위해 당신은 계속해야 함." "당신이 계속하는 게 절대적으로 필요함." "당신은 선택의 여지가 없음. 계속해야 함." 그럼에도 불구하고 계속 이의를 제기할 경우, 그때는 실험을 종료시켰다.

놀라운 사실은 교사역할을 맡은 실험참가자들 중 무려 65%가 마지막까지 실험을 계속했다는 것이다. 실험 도중 정신적 갈등을 느껴 중지하겠다는 의사를 내비치기도 했지만 결국은 실험자의 권위에 복종하고 지시에 따랐다. 그들은 실험 중단을 실험자의 권위나 실험의 정당성에 도전하는 것으로 느끼고, 마치 지시받은 임무를 수행해야 할 의무가 있는 것처럼 행동한 것이다. 여기에는 아마도 예일대학교라는 사회적 권위나 4달러의 수당이라는 금전적 압력도 일조했을 것이다. 실험 참가자들(교사)은 처음에는 자신의 행동에 대해 고민하고 성찰도 했다. 그러나 환경의 압력이 지속되자 어느 순간부터 사유하기를 중지하고 시키는 대로 하게 되었다.

세월호 선박직 선원들은 배가 기울기 시작하자 당연히 승객을 구출해야 한다는 생각을 해야 했음에도 불구하고 하지 않았다. 승객의 입장에서 생각할 능력이 없었음은 물론이고 자신들의 역할마저 생각하지 못했다. 한 예로, 3등 항해사는 자신의 실수로 배를 전복시켰음에도 불구하고 조타실에서 구조를 기다리는 동안 자신의 선배와 문자를 주고받으며 어떻게 하면 선장에게 책임을 전가할 수 있을지만 궁리했다. 뒤돌아 손만 뻗치면 잡을 수 있는 마이크를 통해 승객들에게 탈출명령을 내릴 생각조차 하지 않았다. 다른 선원들은 생각을 한 것이 있었다. 선사와 보험금을 타 내기 위한 전략을 세워야 한다는 생각이었다. 선사는 승객들의 안전을 최우선하라는 지시조차 하지 않았다. 선원들은 선사의 지시에 복종했다. 이들은 아렌트가 말한 '순전한 무사유'가 당연한 사유 방식처럼 보였다. 이들도 처음부터 생각하기를 포기한 것은 아니었을 것이다. 그러나 실험참가자들이 '4달러'의 수당이란 금전적 압력에 굴복하듯 그들은 생계를 위해 회사의 권위에 맹목적으로 복종하게 되었다. 자신의 생각을 회사에 맡겨 버리게 된 것이다.

무사유의 또 다른 이유는 타인의 행동에 대한 관찰에서 비롯된다. 다른 사람도 모두 생각을 포기하고 타인의 권위에 따르는 모습을 보게 되면 무사유의 행동은 더욱 강화되기 때문이다. 반대의 상황도 나타나게 된다. 밀그램은 이에 대한 실험을 다시 실시했다. "피험자가 버튼을 누르기 전, 피험자로 위장한 공모자가 버튼 누르기를 거부한다. 그리고 피험자의 차례가 온다. 10%만이 끝까지 버튼을 눌렀다. 10명 중 9명은 복종을 거부했다. 타인의 행동만이 평범한 사람에게 권위에 저항할 수 있는 동기를 제공한다는 것이다."(5)

사유를 가로막는 기업경영

고대 그리스시대, 로마시대에 귀족과 노예는 신분으로 구분되었다. 그러나 성인교육차원에서 볼 때 이들 신분상 구분의 핵심

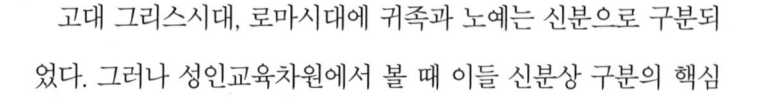

특징은 생각을 할 권리가 주어졌느냐 아니냐의 차이다. 귀족은 '사유'의 권리를 누렸지만, 노예는 그 권리를 박탈당했다. 노예는 그저 시키는 대로 복종만하면 생존은 보장받았다. 오늘날에도 현대판 귀족과 노예가 존재한다. 프랑크푸르트 학파를 이끌었던 테오도어 아도르노Adorno는 『계몽의 변증법』에서 노예가 되어 버린 노동자들을 맹렬히 비판한다. 자본주의에서 살아남기 위해 노동자는 영혼의 목소리에 귀를 틀어막고 공동체의 선보다는 이윤추구경영의 단순도구로 전락한 노예가 되었다는 것이다. 자본가 역시 무한경쟁과 이윤추구경영에 몸이 매여 있어 인간본성을 배반하고 있으니 노예 신세이기는 매일반이다. 이렇게 노동자든 자본가든 비판적 이성을 상실하고 도구적 이성에만 의존하는 노예가 될 때 어떤 결과를 초래하는지를 세월호 사태는 극명하게 보여 주고 있다.

세월호 선사船社인 청해진해운은 임직원들에게 밀그램식의 '전기충격'을 가하는 교육을 지속적으로 시켜 왔다. 양심의 가책을 느껴 거부하거나 이의를 제기하는 직원들도 있었겠지만 생계유지 때문에, 그리고 기업 실소유주의 '보이지 않는 손'의 지휘를 받으며 비윤리적인 경영이 고착화된 기업풍토에 굴복해 생각하기를 포기했을 것이다. 아렌트에 따르면, 세월호 참사의 원인으로서의 악의 평범성은 선장과 선원들의 순전한 무사유에서 비롯되었으며 순전한 무사유 이면에는 무사유를 가르치는 기업환경과 기업교육이 있었던 것이다.

청해진해운은 계열사끼리 자금거래를 하면서 자금 세탁이나 비자금도 조성했다. 회사 대표는 자기 조카의 이름으로 세운 선박 수리회사에 일감을 몰아줘 잇속을 챙겼다. 다른 임원은 구명장비 점검을 맡은 하도급 업체 대표에게 '전세금이 모자란다'며 손을 벌리고, 세월호 증축과정에서 나온 고철을 빼돌렸다. 고물선박 수입과 승객선실 증축, 그로 인한 배의 복원성의 약화, 더 많은 화물적재를 위한 부실한 고정장치, 안개 속 무리한 운항 등은 모두 승객의 안전을 담보로 수입을 늘리려는 선사의 탐욕 때문이었다. 심지어는 침몰사고 전날까지도 '짐을 너무 많이 실으면 배가 가라앉을 수 있다'는 승무원들의 경고마저 회사는 무시했다. 직원들의 최소한의 '사유'마저 마지막 순간까지 억압한 것이다. 배가 뒤뚱거리건 말건 한 푼이라도 더 벌겠다는 욕심뿐이었다. 회사 자체가 승객 안전엔 손톱만큼도 관심 없고 돈만 노리고 영업했음을 알 수 있다.

더욱 절망적인 건, 사고 당일 배가 침몰 중이라는 선원들의 긴급보고를 받고 청해진해운 본사가 취한 첫 행동이 전산조작이었다는 사실이다. 화물 과적過積이 침몰원인으로 지목될 것으로 예상되자 화물적재량을 180톤 줄여 운항기록 컴퓨터에 재입력하기 위해서였다는 것이다. 이를 위해 선장과 승무원은 승객구조 대신 무려 일곱 차례에 걸쳐 30분 넘게 회사와 전화 통화하느라

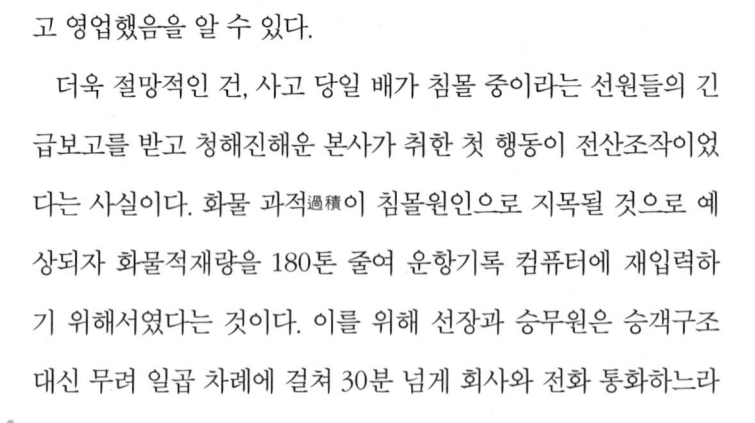

구조의 '골든타임'을 놓쳤다. '순전한 무사유'가 대참사를 불러오는 순간이다.

승객 생명보다 증거인멸을 위한 꼼수부터 부린 것이 대한민국 최대 여객선을 운항한다는 기업의 윤리수준이었다.[6] 그런 회사의 여객선을 움직이는 선장과 선원들이 가라앉는 배 선실에 아이들을 가둬 둔 채 자기들만 탈출하는, '악의 평범성'이 나타난 것이다. 미국 〈포브스Forbes〉지가 선장은 물론이고 불투명하고 의무를 다하지 않는 기업문화가 참사의 원인이라고 비판한 이유가 여기에 있다. 비리를 저지른 세월호 임직원과 비윤리적 기업경영은 동전의 양면이다. 탐욕에 눈이 먼 오너가 황제처럼 군림하는 기업의 직원들에게 사명감과 '생각하기'를 기대하는 것 자체가 어쩌면 무리였는지도 모른다.

무사유를 가르치는 기업교육

청해진해운에도 기업교육은 있었다. 단지, 차이점이 있다면 다른 정상적인 기업과는 달리 사유하지 않는 법을 가르쳤다는 데 있다. 합리적이고 윤리적인 기업문화 혹은 조직구성원이 되기 위한 세 가지 요소3C를 철저히 무시하는 교육을 전사적으로 실시해 온 것이다.

먼저, 윤리지침code of conduct을 무시하는 교육이다. 윤리지침은 기업구성원들이 준수해야 할 구체적인 가이드라인이다. 청해진 해운에도 윤리강령이나 지침은 있었다. 선장을 포함한 승무원들이 준수해야 할 매뉴얼도 윤리지침의 일부로서 당연히 있었을 것이다. 그러나 그러한 지침은 액자 속의 규정일 뿐이라는 암묵적인 교육을 받았음이 틀림없다. 그렇지 않고서야 타이태닉 선장처럼 승객을 구해 내고 배와 함께 자신의 목숨을 희생하진 못할지언정, 매뉴얼의 행동요령마저 내팽개치고 죽어 가는 승객들을 내버려 두고 도망칠 리가 없기 때문이다.

매뉴얼은 있으나 매뉴얼대로 행동하는 교육을 제대로 받지 않는 것은 비단 청해진만은 아닐 것이다. 윤리경영을 한다는 많은 기업들의 아킬레스건이기도 하다. 오죽했으면 어느 외국인 투자가가 "한국은 매뉴얼만 판치는 나라the Republic of Manual"[7]라고 비웃었겠는가. 윤리강령이나 윤리지침을 형식적으로 구비하는 것만으로 그치고 이를 실행하는 윤리교육이 뒷받침되지 않는다면 그 매뉴얼은 무용지물이다. 직원들은 건성건성 직무를 수행하며 규칙이나 규정 같은 것을 아랑곳하지 않게 된다.

또한 윤리교육을 통해 매뉴얼을 준수하는 컨센서스consensus by ethic education가 선장에게 체화되고 기업문화로 구축되지 않는다면 배가 침몰하는 위기의 순간에 자신부터 살아야겠다는 생각만하게 되기 십상이다. 영국 〈파이낸셜타임스FT〉가 "기초적인 안전

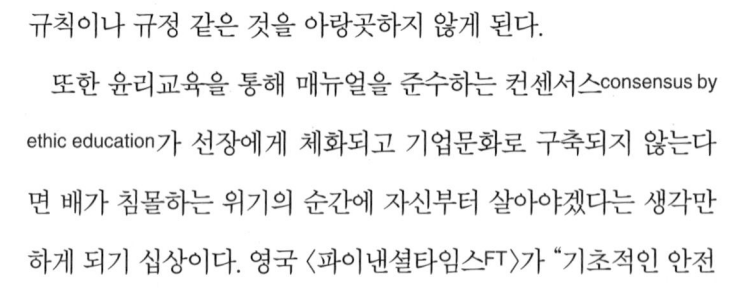

훈련도 받지 않은 승무원들이라면 그런 행동을 한 게 놀라울 것이 없다는 것이 전문가들의 지적"[8]이라고 보도한 것도 그 이유다. 이런 상황에서 내빼면 가중처벌을 받는 법이 있다 한들 내빼는 것을 막을 도리는 없을 것이다. 세월호 선장이나 2012년 이탈리아 유람선 좌초 당시 승객보다 먼저 탈출한 코스타 콩코르디아호 선장의 사례가 이를 입증하고 있다.

그렇지만 윤리교육의 중요성은 인식하면서도 시간과 예산을 투자하는 데 인색한 기업들이 적지 않은 게 현실이다. 매뉴얼을 지키는 윤리교육은 항상 최악最惡을 염두에 두어야 하지만 당장 눈에 보이지 않는 최악의 상황보다는 교육에 투자하는 비용을 먼저 의식하는 것이다.[9] 언론보도에 의하면 세월호의 선사인 청해진해운이 사고 전 해에 선원안전교육에 쓴 비용은 총 54만 원이라고 한다. 연간 교육비가 1인당 4,100원에 불과한 반면 접대비는 6,000만 원이 넘는다.

마지막으로 청해진해운이 윤리강령이나 지침을 마련하고도 이를 실행하는 교육훈련을 실시하지 않은 이유는 무엇인가? 윤리지침이나 매뉴얼을 제대로 준수하는지를 감독하는 시스템compliance check organization을 구축하지 않았기 때문이다. 임원이 책임지는 윤리경영 전담 부서가 독립해 있어 사원들이 수시로 관련 사안에 대한 자문을 구할 수 있는 시스템을 갖추고 있어야 정상이다. 나아가 위반사항에 대한 내부고발시스템이나 주기적인 감사나 평가 제도가 마련되어 있을 때 매뉴얼이 직무능력으로 체화될 수가 있다. 이런 시스템을 구축하기 위해 필수적으로 요구되는 것은 CEO의 강력한 의지와 지원인데, 청해진해운의 경우 애초부터 그런 CEO가 존재하지 않았다.

그러나 회사 차원의 의지가 있다 해도 직원들의 회사에 대한 자부심과 자기개념에 대한 자긍심이 부족하다면 매뉴얼 준수는 기대하기 어렵다. 이를 위해서는 먼저 근무조건을 포함한 직업의 안전성이 보장되어야 한다. 그러나 사고를 일으킨 선장과 조타수 3명 전원이 정규직이 아니라 6개월에서 1년까지의 계약직이다. 갑판부 선원에 이르기까지 절반 이상이 임시직으로 일하는 승무원이라는 것이다. 임시직이다 보니 임금도 또한 열악할 수밖에 없다. 몇 개월이면 그만둘 수 있는 회사에서 자신의 직무에 자부심과 주인의식을 갖고 일하기는 쉽지 않다. 오히려 부패의 유혹에 빠지기 십상이다. 세월호 사건에서도 승선인원이 실제보다 늘어난 이유를 조사해 보니 선원들이 그동안 승객을 무임승차시키고 '뒷돈'을 챙겨 왔기 때문이다.[10] 그렇다면 승객뿐 아니라 화물과 차량도 무임승차시키지 않았을까 하는 의혹이 꼬리를 물게 된다. 그리고 규정보다 많은 승객이나 화물적재가 선박침몰의 결정적 원인을 제공했으리라는 추론이 뒤따르게 될 수밖에 없는 것이다.

양심의 분열현상과 해피아

세월호 선사인 청해진해운의 경우처럼, 개개의 구성원을 '순전한 무사유' 증세에 빠뜨리는 조직일수록 '균질화均質化'를 지향하는 강력한 힘이 존재한다. 그 힘이란 권력이나 폭력, 재력일 수도 있고 학연이나 지연, 혈연 혹은 직연職緣에 기초한 네트워크일 수도 있다. 이런 조직의 전형이 바로 관료조직이며 세월호 참사 배경에는 해수부 관료조직과 해운업계의 고질적인 유착관계가 똬리를 틀고 있었다.

해운조합은 1962년 출범한 해운회사들의 이익단체인데 세월호 사건이 터진 그해까지 이사장 12명 중 10명이 해수부 관료출신이었다. 소위 해피아(해수부+마피아)의 근거지였던 셈이다. 세월호는 해운조합과 해수부가 이끈 선령제한 연장의 혜택을 톡톡히 본 선박이었다. 2013년 1월 세월호의 증축이 문제가 없다는 검사결과를 내 놓은 한국선급 역시 대표적인 해피아 집단이다.[11] 결국, 해피아란 악명이 붙은 해수부 관료들이 세월호 참사의 보이지 않는 원인제공자였던 셈이다. 이들은 과연 자신들만의 이익을 위한 비윤리적 네트워크 형성이 결과적으로 대참사를 불러올 수 있다는 생각을 하지 못했을 것인가?

미국 심리학자인 스콧 펙Peck은 근본적으로 관료적인 조직구조의 한계가 '순전한 무사유'를 부추기는 원인이라고 지적한다. 한 예로, 그는 과거 베트남전 당시 '말라이 학살' 사건을 분석한 결과, 양민학살의 근본적인 원인이 미국 국방부의 관료적 조직구조에 있다고 결론을 내렸다. 네이팜 폭탄제조 부서, 전술기획 부서 등에 속하는 개개인은 관료조직의 특성상 자기 부서의 주어진 업무만 지시받아 수행했다는 것이다. 그 결과 자신의 행동이 엄청난 인명살상이란 결과를 가져온다는 것에 대한 책임감을 느끼지 못하는 '양심의 분열' 현상을 보인다는 것이다.[12] 세월호 참사의 배경에는 이러한 양심분열 현상을 촉진시키는 견고한 관료마피아란 삐뚤어진 한국적 관료문화가 버티고 있었던 것이다.

앞서 언급했듯이, 선박안전에 관한 감독, 성능검사 등을 담당하는 곳이 한국해양부 산하 민간단체인 한국해운조합, 한국선급이다. 문제는 이 단체에 해수부 퇴직관료들이 대거 포진하고 있다는 점이다. 정부로부터 선박검사 업무를 위탁받은 한국선급은 1960년 출범 뒤 회장 11명 가운데 8명이 해수부 출신이며, 해수부 산하 14개 기관, 단체 가운데 11곳을 해수부 출신 고위관료들이 장악하고 있다.[13] 해수부는 전관前官들을 산하단체에 낙하산으로 내려보내고, 단체들은 이 전관들을 해수부 감독을 무력화하는 방패막이로 활용해 온 것이다.

해수부, 산하단체, 해운업계가 연결된 '해수부마피아' 유착카르텔은 결국 세월호 참사에, '보이지만 않았을 뿐' 결정적인 원인을 제공했다. 한 예로, 세월호는 이번 침몰사고에서 구명벌 46개 중 1개만이 펼쳐졌는데 한국선급의 사전 검사에선 '양호' 판정을 받았다. 해운조합 소속의 안전검사담당자는 세월호에 한도 이상 화물이 실리지 않았는지, 화물들이 제대로 묶여 있는지를 확인하지도 않고 출항을 승인한 것이다. 그 결과, 사고 이전부터 무리한 증축으로 무게중심이 불안정했고 뒤뚱거렸다는 증언이 나왔다. 일본인 전문가 말대로 인천항에서부터 시한폭탄을 싣고 떠난 격이다. 말이 감독부실이지 명백한 범죄다. 이런 '서로 봐주기' 시스템 속에서의 부실한 검사는 결국 선박침몰의 결정적인 영향을 미치고 돌이킬 수 없는 재앙을 불러들였다.

인지적 포획현상과 관피아

문제는 이런 관피아시스템이 구조화되어 있다는 점이다. 한 마디로 정부기관은 산하기관에 자리를 만들어 퇴직관료를 내려보내고, 산하기관은 퇴직관료를 받아 로비스트로 쓰는 것이다. '누이 좋고 매부 좋다'며 서로의 이해관계가 맞아떨어지면서 형성된 부패 커넥션인 것이다. 사정이 이렇다 보니, 관료마피아는 영화

〈대부〉의 말론 브란도가 감동할 정도로 충성심이 높은 게 특징이다. 전관예우가 있으니 '현관現官예우'는 말할 것도 없다. 몇 해전, 검찰총장을 법무부가 감찰하겠다고 하자 검사 한 사람이 사표를 집어던지며 자기 보스에 다음과 같은 충성선언을 했다. "차라리 '영웅 ○○○의 호위무사가 되겠다." 만화영화의 한 장면이 아니다. 영웅이니 호위무사니 하는 말이 고위 관료조직에서 나올 수 있다는 게 참으로 신기할 뿐이다. 조폭 보스를 지키겠다는 조폭 행동대원의 결연한 패기를 연상시키지만 한 국가의 검사의 공직수행과는 너무도 거리가 먼 의식이다.

마피아의 특성이 있다. 일단 조직원이 된 다음에는 끝까지 뒤를 봐 주는 것이다. 고시든 시험이든 일단 붙으면 공직 울타리에 안주하면서 촘촘한 선후배라는 그물망으로 외부사람이 와서 발붙일 수 없도록 한다. 하는 행태가 깡패조직을 빼닮았다고 마피아라 부르는 것이다. 과거에, 미래부 장관에 지명됐다 자진 사퇴한 사업가 출신의 미국교포의 말은 이를 단적으로 입증한다. "약 2주간 한국사회 한복판에 있으면서 한국의 '한쪽이 피를 봐야 하는 정치blood sport politics'와 뿌리 깊은 관료주의는 나 같은 외부인을 받아들여 새 부처의 임무를 수행하도록 놔두지 않을 것임을 깨달았다."[14] 아메리칸 드림의 아이콘으로 전문성과 능력을 인정받는 장관 후보자마저 관료들의 패거리 문화에서 도태되는 것이 현실이다.

'한쪽이 피를 봐야 하는' 관료사회에서 외부인과의 공정한 경쟁을 허용할 리 없다. 재경부를 필두로 외무부나 교육부, 국토부 등 관료출신이 공기업이나 금융사, 공공기관 등의 요직을 싹쓸이 하다시피 한다. 고시나 입사 선후배들이 서로 뒤를 봐 주는 패거리 문화를 통해 특정한 분야를 자기들의 성처럼 만들고는 '끼리끼리 문화'를 공고히 구축한다. 예를 들어, 금융공기업 기관장에 재무부마피아(모피아)들이 득세하면 금융기관의 입장에서는 인허가 권한, 징계권을 가진 금융당국과 원활한 관계를 유지할 수 있으니 서로 이익이 된다. 각 부처마다 전·현직 관료들을 산하단체와 협회, 관련 업계에 밀어 넣기에 혈안이 되어 있는 이유다.

이런 현상에 대해 능력과 전문성이 있으면 관료라고 못할 것 없지 않느냐고 반문할 수도 있다. 그러나 어느 국가를 보더라도 공무원들이 외부에 빗장을 치고 그들만의 '철밥통'을 고수할수록 창의성은 고갈되는 반면 국가적인 부패는 심해진다. 아무리 유능한 집단이라도 마피아의 성격을 갖게 되면 조직은 불투명해지고 부패가 싹트게 된다. 과거 저축은행 사태에서 보듯이, 금융감독원 간부가 저축은행 임원자리를 꿰찬다면 저축은행에 대한 감독이 제대로 이루어질 리 만무하고 결과는 국가적 재난으로 이어질 가능성이 크다. 정서적으로 한 통속이 되기 때문이다.

이에 대해 노벨경제학상 수상자인 조지프 스티글리츠Stiglitz 컬럼비아대학교 교수는 저서 『불평등의 대가』(15)에서 규제자의 사고방식이 규제대상의 그것과 동일해지는 소위 '인지적 포획 cognitive capture' 현상이 문제라고 경고하고 있다. 인지적 포획현상을 부추기는 중요한 이유는 자신의 행동이 초래할 수 있는 결과가 당장 보이지 않기 때문이다. 이른바 심리적 거리psychological distance'의 한계다.[16] 눈에 보이지 않으면 멀어지듯이 자신의 행위의 결과를 직접 목격하지 않는 상황일 경우 개인의 비윤리적 행위는 더욱 대담성을 띠게 된다. 의사결정권자와 그로 인한 예상피해자 사이에 심리적인 거리가 있어 피해를 실감하지 못하고 따라서 그 결과에 대한 책임감을 갖기가 더 어려워지기 때문이다.

이를 최소화하기 위해서는 심리적 거리를 좁히기 위한 지속적인 교육훈련 및 직무행위에 대한 감독이 필연적으로 요구된다. 공무원과 산하기관, 감독 대상 업체들이 한통속이 되어 '좋은 게 좋다'는 식으로 대충 넘어가는 부조리한 관행을 공직세계에서 쾌도난마해야 하는 과제가 놓여 있다. 정부에서 말하는 '국가개조'는 바로 정부의 마피아문화를 척결하는 것이다. 일본이 방재防災 선진국이 된 것도 몇 해 전에 관피아를 수술하고 관료 낙하산 관행을 끊어 낸 결과라고 하지 않는가.

4. 순전한 무사유의 원인
- 학습된 무기력

논의의 여지가 있지만, 합리적으로 사유하지 못하는 순전한 무사유를 매개로 악의 평범성이란 세월호 참사가 발생했다. 아렌트가 지적한 대로 사유나 판단의 능력이 결여되면 그 누구라도 타락할 수 있는 존재가 될 가능성이 매우 높은 것도 사실이다. 그러나 세월호 참사의 경우, '어떻게 선장과 선원들이 가장 기초적인 승객구출을 위한 합리적인 생각마저 할 수 없었는가.' 하는 의문은 여전히 남는다. '무사유나 무비판적 순응은 도대체 어디에서 기인하는 것인가?' 하는 물음이다.

이들이 애초부터 합리적인 사유능력이 결여된 인간들은 아니었을 것이다. 나치수용소의 경우에도 유대인은 물론 나치마저도 초기에는 유대인 학살에 대해 심리적으로 저항하고 분노하기도 했을 것이다. 그렇지만 그런 사람들도 어느 순간부터 자신이 처한 구조적인 시스템에 익숙해지기 시작했으며 나중에는 스스로 체념하고 지시받은 대로 행동하게 되었을 것이 분명하다. 이른바 '학습된 무기력learned helplessness'에 빠지게 되었기 때문이다.

학습된 무기력과 세월호

마틴 셀리그먼Selligman[1]에 따르면, 학습된 무기력이란 '유기체가 자신의 환경을 통제할 수 없게 되면 오히려 통제하려는 시도를 포기하는 것을 학습'하는 현상을 의미하며 무기력도 학습된다. 다시 말해, 스스로의 행동이나 노력으로 자신에게 닥칠 부정적인 결과를 변화시킬 수 없다는 것을 지각함으로써 무기력에 빠지게 되는 현상을 가리킨다. 자신이 통제할 수 없는 상황에 직면하여 자신의 반응이 결과에 영향을 미치지 못한다는 예측을 하게 되면 체념과 수동성으로 모든 것을 받아들이는 무기력이 발생한다는 것이다. 셀리그먼[2]은 통제 불가능한 전기충격에 노출된 개가 피할 수 없다는 것을 학습하게 되면 반응 없이 전기충격을 받게 되며 나중에 전기충격을 피할 수 있는 상황이 되어도 피하려 하지 않는다는 사실을 실험을 통해 발견하였다. 이런 현상은 인간을 대상으로 한 다른 실험에서도 입증되었다.[3]

예를 들어, 시험준비를 열심히 했음에도 불구하고 나쁜 결과를 받는 경험을 반복적으로 경험하게 되면, 더 이상 시험준비에 노력과 시간을 투자하지 않게 되는 경우가 바로 학습된 무기력 상태라고 할 수 있다.[4] 교과서 위주의 교육시스템에서 교과서 지식에 대한 의문이나 도전 혹은 교과서 밖의 지식이나 활동에 관심과 흥미를 보인 결과, 교사의 부정적 반응이나 나쁜 성적 결과를 받는 경험을 반복적으로 경험하게 되면, 더 이상 자신의 관심과 행동을 포기하고 학교가 요구하는 관심과 행동으로 돌아가는 것도 마찬가지 현상이다. 셀리그먼[5]의 말을 빌리면 자신이 좋아하지 않는 학교시스템에 대한 지속적 통제실패로 인해 '반응-결과 무관성 기대expectancy of response-outcome independence'가 획득되고 결과적으로 학습된 무기력에 빠지게 되는 것이다.

자신의 수행이 결과를 통제할 수 없다고 믿음으로써 주어진 부정적 상황에 대한 통제를 포기한 학습자들은 자아존중감의 저하와 함께 동기적 · 인지적 · 정서적 결핍현상을 동시에 경험하게 된다. 대표적인 동기적 결핍현상으로는 수동성, 인내력의 저하, 도움요청회피 등을 들 수 있다.[6] 학습의 본래 목적이 다른 사람의 지시에서 '벗어나는 자유freedom from'에서 출발해 무엇인가 '할 수 있는 자유freedom to'로 나아가는 것이라면 학습된 무기력을 조장하는 교육시스템은 두 가지 학습의 목적을 말살하고 있는 셈이다.

18세기의 장자크 루소Rousseau는 일찌감치 이런 교육시스템의 문제를 지적하고 도전했다. 그는 저서 『에밀』에서 "나는 배우라는 것만을 배우고, 말하라는 것만을 말했으며, 하라는 대로만 따라 해서 신부가 되었다. 하지만 나는 얼마 후 깨달았다. 인간성을 떠나겠다고 약속한 것은 사실상 도저히 지킬 수 없는 약속이었다." 루소는 학습된 무기력을 강요하는 당시의 학교교육 체제에 대해 어떻게 분노하고 도전했는지를 보여 준다.

세월호의 선사구성원들은 학습된 무기력 증세에 빠진 전형적인 사례다. 임직원은 회사의 탐욕으로 인한 고물 배의 증축과 그에 따른 복원력 약화, 화물 고정방법 불량, 과적, 무리한 운행 등의 위험을 인지는 했을 것이다. 그중 어떤 사람은 위험성을 회사 경영진에 보고하거나 문제해결을 위한 노력을 했을 수도 있다. 그러나 자신의 노력이 결과에 아무런 영향을 미치지 못한다는 믿음이 형성되고 어느 순간부터 체념하고 순응했을 것이다. 학습된 무기력 현상이 나타나게 된 것이다. 그 결과 선장과 승무원들은 회사의 지시를 따르는 데 익숙해졌고 침몰의 순간에도 주체적인 생각을 통해 판단을 내리지 못했다. 구조를 생각하기보다는 선사에 전화해 대신 판단을 내려 줄 것을 요구하는 노예적 근성을 보였다.

직원이나 선장 승무원들은 모두 나치 전범 아이히만의 변명처럼 어쩔 수 없었다고 항변했다. 실질적인 1인 중심 기업의 탈세, 횡령, 재산 국외도피 등 비윤리적인 본사의 기업시스템이 전사적으로 학습된 무기력을 조장해 온 것이다. 선박안전에 관한 감독, 성능검사 등을 담당하는 한국해운조합, 한국선급을 비롯한 해양수산부 산하 민간단체들과 해양수산부 간의 고질적인 공생, 유착관계 시스템은 이들 구성원들에게 '생각하고 판단하는 방법'을 앗아 갔다. 문제를 제기하던 임직원들도 '관료마피아'의 조직문화에 곧 익숙해져 스스로 체념하고 합리화시켜 가며 시스템에 순응한 것이다.

집단적으로 학습화된 무기력 증상은 비단 전체주의 국가에서만 벌어지는 것은 아니다. 세월호 참사가 보여 주듯, 대통령의 권한이 유독 강한 한국정부에서도 학습된 무기력에 의한 악의 평범성이 적나라하게 드러난 것이다. 정도의 차이는 있을지언정 사고의 초동대처에 나선 해경이나 사후대처에 책임 있는 정부 및 관련 부처의 행태 역시 주체적인 판단실종 그 자체였다. 사고대응 과정에서 국민은 안중에도 없고 대통령만 바라보거나, 책임이 돌아올 일을 피하자는 식의 행태를 보인 일부 공직자들이나 해경의 행태가 그것이다. 이들은 직접적인 책임이 없다고 주장할지 모르나, 무죄를 주장하는 아돌프 아이히만을 준엄하게 꾸짖은 검사의 말을 대신 들어 볼 필요가 있다.

"의심하지 않는 죄, 생각하지 않는 죄, 행동하지 않는 죄!"

니체와 학습된 무기력

세월호 참사의 원인이 우리 사회에 만연된 학습된 무기력이라는 고리까지 연결되다 보니 결국 학교교육, 나아가 성인교육의 문제로까지 연결될 수밖에 없게 된다. 세월호 선장에서부터 대통령에 이르기까지 사건과 직간접적으로 연결된 수많은 사람들의 무사유, 판단능력부재는 성인교육현장에서의 학습된 무기력 현상과 무관할 수 없기 때문이다.

공무원교육, 윤리경영교육과 직업윤리교육, 기업을 포함한 모든 조직에서의 다양한 인적자원개발교육, 심지어는 대중을 상대로 한 인문학교육에 이르기까지 표면적으로는 성인들을 대상으로 한 교육활동이 활발하지만 정작 학습의 대상인 성인들을 학습된 무기력 상태에 방치하고 있지는 않은가 하는 점이다. 그렇지 않고서야 승객들을 구할 수 있는 말 그대로 '골든타임'에 그렇게도 무기력하게, 합리적이며 독자적인 사유와 판단을 하지 못할 리가 없었기 때문이다.

여기서 우리는 성인교육의 근본적인 물음으로 다시 돌아가야 한다. 성인교육이란 무엇이냐는 물음이다. 니체는 말한다.

"너 스스로가 되어라!"[7]

니체의 이 말은 성인교육의 목표가 '각자성各自性'을 찾는 데 있어야 함을 명쾌하게 지적한다. 어느 무엇으로도 대체할 수 없는 자신을 발견하고 정체성을 찾아 나아가는 것이 성인교육의 목표이자 과정이어야 하는 것이다. 이를 위해 니체는 교육의 임무는 해방이란 점을 강조한다. 여기서 해방이란 자신의 창조력을 회피하지 않고 또한 미래의 희망에 매달리지 않은 채, "바로 지금 이 순간, 한 뼘도 채 안 되는 오늘을 소유한 우리가 자기 고유의 척도와 법칙에 따라 살려는 용기"[8]를 뜻한다. 니체는 다시 묻는다.

"무엇으로부터의 자유인가? 그것이 차라투스트라와 무슨 상관이 있는가? 그러나 그대의 눈은 "나에게 명백하게 말해야 한다. 무엇을 위한 자유인가를."[9]

다시 말하면 니체의 '무엇으로부터의 자유'이며 '무엇을 위한 자유인가'에 대한 질문에 대한 답이 성인교육의 목적이자 방법이다. 또한 성인학습에서의 학습된 무기력을 결정하는 요인이 되기도 한다.

먼저, 무엇을 위한 자유인가라는 질문에 대한 니체의 대답은 명쾌하다. '너 스스로가 되는 것'이다. 니체의 간명한 이 한마디는, 모든 사람으로 하여금 자신의 존재의 주인이 되게 하고 존재에 대한 전적인 책임을 지게 하는 실존주의 입장을 극명하게 피력하고 있다. 따라서 유아기와 아동기 동안 생물학적 존재들이 사회적 존재가 되기 위해 열심히 제도를 학습했다면, 성인기에는 제도가 요구하는 집단성에서 벗어나 개인적인 삶의 의미를 복원해야 하는 것이다. 제도에 결코 편입될 수 없는 이런 개인성이야말로 성인교육이 궁극적으로 추구해야 할 목표인 것이다.[10] 따라서 성인교육은 삶의 역동적 과정을 수반해야 하며 그 과정에서 기억을 재구조화하고 새로운 나를 생성해 나가는 것이다.

이를 위해서는 니체의 무엇으로부터의 자유인가?에 대한 답이 뒤따라야 한다. 그 답이란 역설적이게도 학교교육을 통해 사회화된 이념과 제도, 헤게모니로부터의 자유다. 다시 말해, 니체가 말하는 '노예의 도덕'으로부터의 자유인 것이다. 노예도덕을 탈피할 때 비로소 학습된 무기력에서 해방될 수 있는 것이다. 성인교육의 핵심적 과제는 바로 여기에 있다. 다시 말해 성인들로 하여금 권력과 자본에 대한 자동적인 순응automation conformity[11]에서 해방되도록 도와주는 것이다. 스스로가 자신의 주체가 되고자 노력하는 것이 아니라 익명의 대중의 일부로서 생각하고 행동하거나 다수의 생각을 파악하고 따르면서도 자신을 주체적이라고 확신하는 의식과 행동에서 해방시키는 것이다. 학습된 무기력은 바로 이런 해방에서만이 가능해지기 때문이다.

이를 위해서는 '자유'개념이 성인학습의 전 과정에 침투되어야 한다. 먼저, 학습의 자활감 혹은 임파워먼트empowerment가 학습자

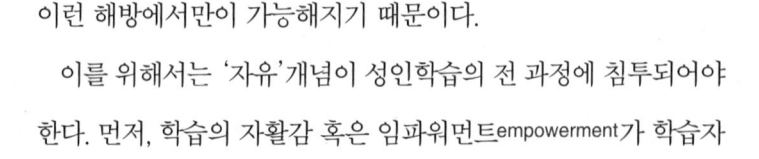

에게 주어져야 한다. 니체가 말한 '너 자신이 되는 것'은 학습자의 자기주도적 속성을 일컫는다. 성인들은 스스로 학습하고자 하는 요구를 지니고 학습을 수행할 때 비로소 자기 자신을 발견할 수 있기 때문이다. 에드워드 기본Gibbon[12]이 오래전에 지적한 바대로, 사람은 두 가지 교육활동에 의해 인간의 모습을 갖추게 되는데, 그 첫째는 누군가로부터 가르침을 받는 길이고, 다른 하나는 자기 자신이 스스로 배우는 것이다. 그런데 이 중에서 더 중요한 것은 자기자신의 배움이다. 한준상[13]의 말대로 "자기주도학습은 인간학습에 있어서 삶의 질을 담보하고 있는 핵심방법"인 것이다.

성인학습자들이 학습의 임파워먼트를 가질 때 학습을 통한 활기와 열정, 꿈을 얻게 된다. 자활감을 가질 때만이 학교교육을 통해 무비판적으로 수용된 지식과 규범, 지배이데올로기가 자신을 지배하고 있다는 사실을 깨닫게 된다. 세상을 기득권 세력의 눈으로 보기보다는 자신의 눈으로 보게 되면서 새로운 자신을 생성해 나가게 된다. 신자유주의란 종속적인 의식에서 해방되면서 학습자는 새로운 존재로 거듭나게 되는 것이다. 그리고 이를 통해 성인들은 비로소 학습된 무기력에서 해방될 수 있는 것이다. 그리고 학습된 무기력에서의 해방은 '순전한 무사유'로부터의 해방을 동반하게 되는 것이다.

학습된 무기력의 뿌리, 학벌사회

니체의 '너 스스로가 되라!'는 교육의 목적은, 곧 성인교육에서의 학습된 무기력으로부터의 해방을 요구하고 있다. 그러나 성인교육의 이런 당위적 과제는 성인교육 차원에서의 노력만으로는 한계에 부딪히게 되는 것이 현실이다. 바로 '한국식' 학벌사회라는 사회문화적 원죄를 잉태하고 있기 때문이다.

학습된 무기력 교육

미국 대통령 중에 버락 오바마Obama만큼 재임 시 한국교육에 대한 칭찬을 많이 한 사람도 없을 것이다. OECD가 주관하는 국제학생평가프로그램인 PISA에서 높은 성취도를 보이는 한국학생들에 대한 칭찬을 하는가 하면, 백악관에서 교육혁신프로그램을 발표하면서 한국 학부모들의 뜨거운 교육열을 부러워했다. 이어 '일자리 창출 서밋'과 경제회복을 주제로 한 '펜실베이니아주 타운홀 미팅'에서도 "한국의 교육열을 배워야 한다."고 역설하였고, 대통령 신년연설을 통해서는 "한국에서는 선생님들이 '국가를 세우는 사람'으로 인식"되고 있으니 "미국에서도 아이들을 가

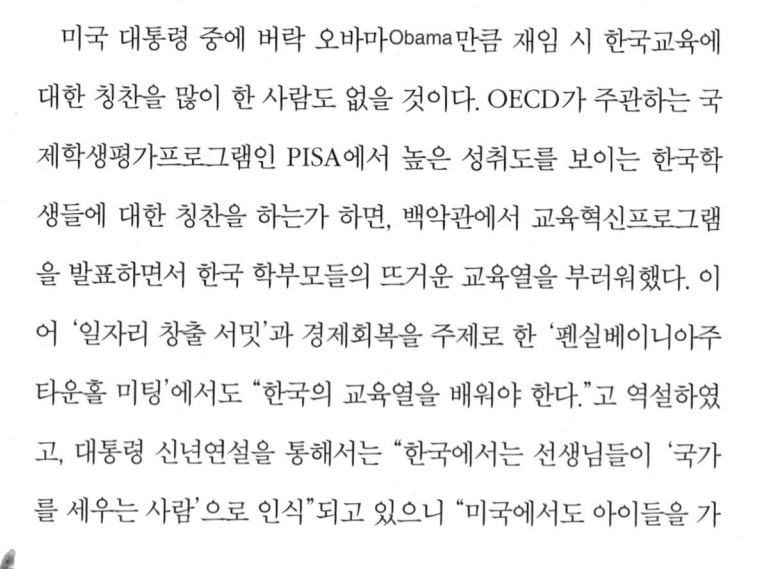

르치는 분들에게 같은 수준의 존경심을 보여야 한다"고 말했다. 또한 "미국학생들 가운데 단 20%만 고속인터넷에 접속할 수 있는데 반해 한국은 100%의 아이들이 고속인터넷에 접속"한다고 한국학생들의 디지털 교육환경을 부러워하기도 했다.

오바마 대통령의 '칭찬'은 '디지털 교육환경'을 제외하고는 한국교육의 실상과는 차이가 크다. 우선, 교사가 '국가건설의 역군'임은 분명하나 과연 한국의 교사들이 학생과 학부모로부터 그에 상응하는 존경을 받고 있는지 의문이다. 2000년 이후 3년 마다 평가되는 한국학생들(15-16세)의 PISA 성적(수학, 읽기, 과학)은 정말 놀랍고 칭찬받을 만하다. OECD 국가 중 수학과 읽기는 매번 1~2위, 과학은 2~4위 수준을 유지하고 있기 때문이다.

그러나 한국 보수언론에서는 애써 외면하고 싶은, 그러나 외국언론에서는 크게 주목하고 있는 한국학생들의 또 다른 '성적'이 있다. 학습에 대한 흥미나 만족도의 평가다. 이 등수는 정반대로 매번 최저 수준이다. 정확히 말하면 꼴찌다. 특히 수학의 경우, 성적은 1등이나 '수학에서의 자아효능감'은 최하위이며 '학교만족도' 역시 꼴찌다. 다시 말해 한국학생들은 다른 국가에 비해 공부에 대한 흥미가 가장 낮고, 공부를 통해 자신감이나 자존감에 상처를 가장 많이 받고 있다는 이야기다.

한국학생들의 경우, 시험점수와 자신감, 그리고 시험점수와 수학에 대한 관심 사이의 상관관계가 부정적이라는 것은 정말 심각한 현상이다. 실제로 외국언론이 주목하는 것은 수학이나 과학시험의 성적이 아니라, 이들 과목의 학습을 학생들이 얼마나 좋아하는지, 얼마나 자아효능감을 느끼는지에 있다. 『논어』의 "아는 것은 좋아하는 것만 못하고 좋아하는 것은 즐기는 것만 못하다知之者不如好之者 好之者不如樂之者"라는 공자의 말을 굳이 인용하지 않더라도, 학습의 흥미와 내재적 동기motive가 학습자의 만족과 경쟁력을 좌우한다는 점은 누구나 인정하는 학습의 원형이다. 아무리 과학점수가 높아도 흥미가 없다면 과학자가 못 되는 것이 아닌가.

시험성적은 높은데 학습의 흥미나 만족이 없는 이율배반적인 이유는 무엇일까? PISA 관계자나 외신은 한국의 학교폭력 및 학생들의 학교부적응을 조장하는 교육시스템에서 그 이유를 찾는 분위기다. 프랑스 〈르몽드〉[14]는 "한국인들은 교육강박증에 걸려 있다"고 평가한다. 〈뉴욕타임스〉[15]는 '아시아의 대학입학 중독증Asia's college exam mania'이라는 글에서 "한국은 대입경쟁이 나라를 망치고 있다"고 혹평하고 있으며, 같은 맥락에서 영국의 〈이코노미스트〉[16]는 "압축성장을 해 온 한국은 지나친 교육열이 문제"라고 평가를 내리고 있다. 오바마 대통령이 부러워한 그 '교육열'이 한국사회를 망친다는 상반된 평가인 것이다. 그 결과, 스웨덴의 〈스벤스카 더그블라뎃〉 신문[17]은 "한국학생은 성적은 우수하지만 미래를 꿈꿀 틈이 없는" 불행한 학생들이라고 결론을 내리고 있다.

우리 학생들이 불행하다는 사실은 잊을 만하면 언론에 기사화되는 청소년들의 자살사건만 보더라도 능히 짐작할 수 있다. 2011년 청소년(15~24세) 사망 원인 중 1위를 차지한 것은 자살이었다. 인구 10만 명당 13명이 목숨을 끊었는데, 10년 전의 7.7명에 비해 무려 두 배 가까이 늘어난 수치다. 자살을 한 번 이상 생각해 본 청소년은 11.2%에 달했고 그 이유가 성적 및 진학문제가 39.2%로 가장 높았으며 가정불화(16.9%)와 경제적 어려움(16.7%) 등의 순서였다. 주목할 점은 다른 나라OECD의 평균 청소년 자살률은 지난 10년간 감소해 오고 있는 데 반해, 우리나라는 오히려 증가하고 있다는 점이다.

학벌이 깡패인 나라

청소년 자살의 가장 큰 원인으로 조사된 '성적과 진학문제'에는 영국의 〈이코노미스트〉가 지적한 한국 학부모의 '지나친 교육열'이 바탕을 이루고 있다. 그런데 우리의 '교육열'은 미국의 오바마 대통령이 생각하는 서양부모들의 그것과는 속성이 다르다. 그 다름에 대한 이해는 한국은 학벌사회라는 사실에서 출발해야 한다. 한국은 학벌사회다. 그것도 세계에서 유래를 찾을 수 없는 '반인간적인' 학벌사회다. 그렇기에 한국의 교육열은, 실은 공부

못한 사람으로 멸시당하지 않기 위한 발버둥이다. 한국학부모의 교육열은 '학벌 열'로 정정해야 맞다. 학벌사회가 무엇이냐에 대한 현학적인 논의는 진부하다. 그런데 어느 젊은 소설가는 이런 논의를 시니컬하게, 그러나 간명하게 정리한다.

"대한민국에서 출신대학은 낙인이야. 영원히 지워지지 않는 낙인. 경력 좋고 대학원 좋은 데 나와 봐야 아무 소용없어. 대학을 좋은 데 나와야지. 학부를 좋은 데 안 나온 사람은 절대로 에이A급이 못 돼. …… 서울대 대학원, 아니 하버드 대학원 나와도 대학 좋은 데 안 나오면 다 꽝이라고."[18]

소설가 정아은의 『모던 하트』에 '명쾌하게' 정의된 대한민국 학벌사회의 개념 정의다. 우리 주변의 평범한 샐러리맨의 세태를 생생하게 반영하는 이 소설에서 헤드헌터로 일하는 주인공은 '학벌이라는 낙인으로부터 자유로울 수 없는 철저한 계급사회'인 한국사회를 이렇게 고발하고 있다.

에이A급 대학의 자리에는 서울대학교가 똬리를 틀고 있음은 물론이다. 로마 공화정 시대의 키케로Cicero의 말을 빗대어 말한다면 '모든 악한 것Omnia mala은 서울대로부터 나온다.' 전 세계에서 중고등학교 정문에 'SKY대 ○명 합격' 'XX외고 ○명 합격'이라는 현수막을 내거는 나라가 한국 말고 또 있겠는가. 이제는 유아학원에 "축 ○○초등학교 합격'이라는 펼침막까지 내걸리는 판국이다. 유치원 아이들부터 학벌의 터널로 몰아넣으며 학벌과 서열 의식, 나아가 패거리문화를 일찌감치 구축하는 것이다.

필자는 아까운 시간과 지면을 낭비하면서까지 학벌사회를 성토하며 그 원인과 대책을 어쭙잖게 제시하려는 의도는 없다. 서울대 출신을 중심으로 한 많은 사람들이 대학서열문화를 비판하고 '서울대가 주범'이니 서울대 학부를 없애라고 목청은 높이지만, 정작 그들은 학벌체계의 '달콤한 꽃 무덤' 속에서 나오는 온갖 기득권을 향유하고 있다. 그런 기득권의 향유는 피에르 부르디외Bourdieu 교수가 말하는 '상징적 폭력symbolic violence'[19]을 포함한 다양한 일상의 폭력으로 나타나고 있고 그 피해자가 속출하고 있다. 이 글의 성격 상 필자가 강조하고자 하는 점은 학벌이란 '신화myth' 혹은 미신迷信이 뒤틀린 서열의식을 가져오고 그 결과 청소년의 불행, 학부모의 불행, 사회전반의 불행으로 이어지는 'Catch 22(악순환)'의 고리를 잘라 내야 한다는 것이다.

학벌이라는 미신

'학벌이 사회불행'이 된 단적인 사례 하나를 들어 보자. 세월호 참사 이후 개각을 위한 청문회에서 교육부장관 후보자의 자질 시비가 일어났다. 논문표절, 연구비 횡령 등 교수로서의 연구윤리를 '폭넓게' 어긴 게 드러났다. 게다가 툭 하면 동문서답을 해 '말귀를 못 알아듣는다'는 의사소통능력에 대한 비판까지 나왔다. 같은 교육학 교수인 필자가 보기에도 장관후보자에게 요구되는 역량이나 학문적 업적, 행정능력 등이 현저하게 떨어졌다. 다만 한 가지, 직함이 한국교육학회회장이다. 이 점이 장관후보지명의 결정적 배경이 된 모양이다.

문제는, 교육계 최고의 학문적 권위를 드러내는 그 직함이 서울대 사대 출신이 독점하고 있다는 점이다. 오죽했으면 서울대학교 교육학과 동문회장 자리라는 비아냥이 쏟아진다. 장관급으로 입각하는데 결정적 역할을 하는 자리다 보니 마피아적 결속력과 배타성을 자랑한다. 아무리 학문적 능력과 학자적 인품을 겸비해도 타 대학 출신은 거의 접근할 수 없는 구조다. 청문회 결과는 어떠했는가? 해당 후보자는 결국 퇴출되었고 우리 사회는 소모적인 논쟁으로 시간과 사회적 힘만 헛되이 낭비했다.

신화란 일반적으로 참이라고 믿고 있는 그릇된, 부정확한 신념이다. 일종의 '미신'이다. 교육학자 아더 콤스Combs[20]의 말대로, 사람은 각자가 갖고 있는 신념에 따라 행동하기 때문에 거짓된 믿음에 기초한 행동은 거짓된 결과를 초래하기 마련이고, 그 결과에 따라 개인적, 사회적 불행으로 연결될 수 있다. 그럼 한국사회에서 학벌이 왜 '미신'을 믿는 짓과 같은가? 어느 사회나 출신

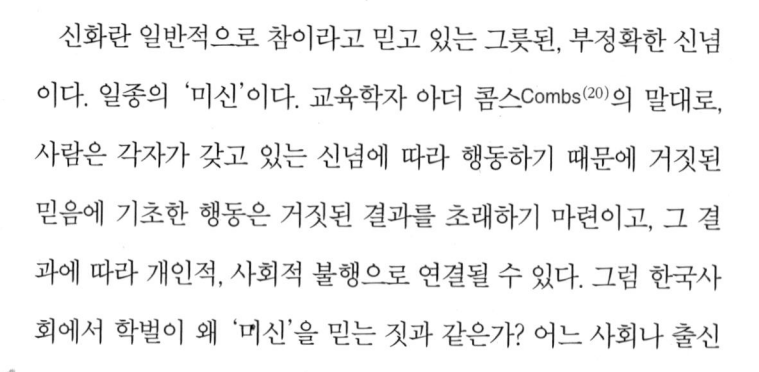

학교에 대한 사회적 대우나 차별은 있게 마련이다. 서울대에 입학한 것은 대단한 일이다. 열심히 공부해 좋은 성적을 거뒀다는 건 성실성과 능력을 입증하는 것이니 그에 따른 차등적 대우도 이해할 수 있는 일이다. 그렇다면 문제는, 서울대에 못 들어간 학생들은 그들보다 반드시 학습능력이 떨어지는 것일까? 첫 번째 미신은 여기서 시작된다.

수능시험에서는 웃지 못할 해프닝이 연례행사로 벌어진다. 2013년 수능 세계지리 8번 문제('EU는 NAFTA보다 총생산액 규모가 크다')가 출제오류인가를 놓고 난리법석을 떨었다. 결과는, 교과서의 내용과 실제 상황(2012년엔 EU 규모가 적었음.)이 달랐지만 교과서 기준으로 정답이 결정됐다. 이런 문제가 어떤 학습능력을 측정하는지는 차치하고서라도, 부모와 수험생들을 흥분시킨 이유는 수능 한 문제의 차이로 학교 당락이 결정되는 현실 때문이다. 문제 하나로 서울대나 그 밑의 대학들의 합격 여부가 판가름 나는 것이다. 서울대를 비롯한 명문대에 들어가지 못한 많은 학생들의 학습력 혹은 능력이 반드시 그들보다 떨어지는 것은 아니란 사실이다. 단지 자리가 부족했을 뿐이다. 많은 지방대학 출신들이 외국의 명문대학(서울대보다 등급 높은)으로 유학을 가서 우수한 성적을 거두고 있는 현실이 이를 입증하고 있다.

또 다른 미신은 서울대 출신에 대한 막연한 믿음 혹은 신뢰다. 서울대를 나온 어느 기업인이 쓴 책에 이런 말이 나온다. "서울대를 나오니 사회생활을 하면서 좋은 점은 사람들이 내 이야기를 잘 들어 준다는 것이다. 일단은 긍정적으로 들어 준다. 서울대를 졸업한 사람이 하는 말이니 맞겠지 하는 생각들을 해 주어 비교적 편하고 수월하게 일할 수 있었다"는 자랑이다. 이런 노예적 사고와 편견이 판치는 곳이 한국사회다. 학습화된 열등감, 무기력증의 소산이 아닐 수 없다. 이 말을 비틀면 우리 사회는 서울대 출신이 사기를 치거나 범죄를 저지르기가 아주 수월하다는 말이다. 실제로 청와대나 국회, 정치판 등에서 심심찮게 발생하는 온갖 비리의 한가운데에는 서울대를 포함한 명문대 출신들이 진을 치고 있음을 알 수 있다. 서울대를 나온 것과 그 사람의 됨됨이나 성품이 무슨 관련이 있겠는가. 미국 언론인 데이비드 핼버스탬Halberstam[21]이 저서 『가장 똑똑한 사람들The best and the brightest』에서 명문대 출신의 똑똑한 사람들이 반드시 일을 제대로 해내는 것도 아니며, 반드시 옳은 일을 하는 것은 더욱더 아니라고 경고하고 있음을 기억할 필요가 있다.

학벌의식과 노예의식

학벌에 대한 이런 두 가지 잘못된 믿음이 가져오는 폐해는 잔인할 정도로 폭력적이다. 서울대 학벌은 공사조직에 걸쳐 독점적으로 핵심요직을 도맡는다. 서양처럼 학연이 인연으로 그치는 것이 아니라 견고한 사회적 실체로 둔갑해 외부인의 접근을 차단한다. 자연스레 그들만의 끼리끼리 문화, 패거리 문화의 고리로 작동한다. 법조삼륜 비리, 모피아, 원전마피아 같은 부정부패가 바로 이런 패거리 문화의 작품이다. '원샷 수능'으로 구축된 명문대 학벌은 기득권을 형성하고 그들은 다양한 방법으로 학벌체제를 확대 재생산한다. 그러니 패자부활전을 허용할 리가 없다.

부모들의 치열한 사교육이나 해외특례입학 같은 편법에 목을 매는 것이 이해 못 할 일도 아니다. 학부를 커뮤니티 칼리지를 졸업한 미국 오바마 대통령이 한국에 살았더라면 대통령이 된다는 건 언감생심 꿈도 못 꿀 일이다. 미국이 선진국이라는 이유는, 커뮤니티 칼리지같이 모든 사람에게 '두 번째 기회second chance'를 주는 교육시스템이 있다는 것, 그리고 별 볼일 없는 '듣보잡' 대학을 나와도 노력과 능력을 통해 대통령까지 될 수 있는 공정한 사회이기 때문이다. 열아홉 살에 치르는 단 한 번의 대입시험 성적을 평생 써 먹는 나라가 과연 제대로 된 사회인가?

순기능이 없는 것은 아니다. 어려서부터 성취욕구를 자극해 동기유발의 기제로 작용할 수는 있다. 오로지 학벌이란 목표를 향해 일사분란하게 몰아치다 보니 사회적 일탈을 막는 부수적 효과도 있다. 물론 스스로의 힘이든, 아니면 주변의 도움으로든 학벌체제의 심한 압박을 이겨 낼 수 있다는 조건하에서다. 실제로 많은 청소년들이 오히려 이를 동력으로 삼아 사회적 성공의 길로 나아가고 있다. 그러나 매년 주요국가 중 최하위인 청소년 행복 지수가 말해 주듯 대부분의 아이들이 행복을 잃고 있다. 또한 매년 정원의 1% 정도나 되는 6~7만 명의 아이들이 공부에 대한 압박을 못 이겨 중·고등학교를 그만두고 있다.[22]

이런 반인간적인 학벌체제 속의 학교교육은 학벌의식을 타파하기는커녕 이를 공고히 하는 기제로 작용한다. 학벌의식에 사로잡힌 사람은 자신을 자율적이고 자유로운 주체로서가 아니라 오직 어떤 집단에 귀속하는 구성원으로서만 자각한다. 너와 나는 다른 '나는 나'라는 당당한 자기정립이 아니라 '나는 서울대 출신이다.' '나는 연대 출신이다.' 따위의 어떤 학벌집단에 끈을 연결해서만 자기 존재의 안정감을 확인하는 의존적인 자기의식을 갖게 된다.[23] 이것이 바로 니체가 질타하는 철저한 노예의식 혹은 짐승무리의 도덕이다. 니체가 강조하는 대로 노예도덕사회에서는 기존의 가치체계를 벗어나 자신의 삶을 고민하고 자기의 존재의미를 깨달으려는 노력은 교육이 아닌 것으로 치부된다. 그들은 무리 안에서 안주하면서 맹목적으로 복종하고 습관적으로 살아갈 뿐이다. 니체는 이런 노예도덕을 갖춘 자들을 종말인 혹은 말종인간이라고 혹평한다.

자아효능감 상실의 교육

현재의 우리나라 학교교육은 본의든 아니든 이런 나약한 자기 의식을 학생들에게 학습화시키고 있다. 공부의 목적이 학벌체제에 올라타는 것이고, 공부의 평가방법이 총점 위주의 상대평가이다 보니 절대 다수의 학생은 필연적으로 열등한 아이로 내몰릴 수밖에 없다. 이러니 학습을 통한 자아효능감이 OECD 국가 중 꼴찌라는 건 어찌 보면 당연한 귀결이라 할 수 있다.

자아효능감self-efficacy이란 "개인이 스스로 상황을 극복할 수 있고 자신에게 주어진 과제를 성공적으로 수행할 수 있다는 신념이나 기대"를 말한다. 교육심리학자인 알피콘 교수는 "우리 아이들이 건강하게 자라는 데 있어서 가장 중요한 것은 자신에 대한 무조건적인 믿음으로, 비록 시험을 망쳤거나 많이 부족해도 자신은 좋은 사람이라고 생각하는 자존감"이라고 강조한다.

그러나 학벌을 위한 '경쟁' 위주의 한국 교육시스템에서는 반대로 가르친다. 다른 사람을 이겼을때만 자신감이 있고 가치 있고 좋은 사람이라고 생각하게 만든다. '행복은 성적순이 아니라고' 제아무리 외쳐도 실은 모두 기만이다. '좋은 성적 = 좋은 학생' 등식에 학교생활을 저당 잡히는 상황에서 자아효능감을 맛볼 수 없는 학생들은 자살의 충동으로 내몰리게 된다. 성적의 승자 역시 얼마나 많은 사람을 이겼는지에 따라 결정되는 것이기에 패자와 마찬가지로 자존감이 떨어질 수밖에 없다. 서울대에 들어 갔어도 수많은 패자가 생기는 이유가 여기에 있다. 모두가 '죄수 의 딜레마'에 빠져 있는 형국이다. 그렇다면 과연 누구를 위한 교 육인가를 재삼 묻지 않을 수가 없다.

부메랑이 된 학벌괴물들

전공에 관계없이 대학을 점수 순으로 줄 세우고, 사람의 가치 를 능력보다 대학간판 순으로 평가하는 사회는 곧 불행해진다. 아 니, 이미 불행하다. '한국사회는 불행하다.'라는 꼬리표가 끊어지 지 않는 것이 이를 입증한다. 불행의 원인은 상당 부분 공부를 많 이 하고, 학벌이 좋은 사람들에게서 비롯된다. 서울대 출신의 연 세대 로스쿨 학생이 시험지를 빼내기 위해 교수연구실 컴퓨터를 해킹하다 적발됐다.[24] 이어, 서울대 로스쿨 학생이 중간고사 때 부정행위를 저질러 학내 온라인 커뮤니티 '스누라이프'가 시끄러 웠다.[25] 법조인이 될 사람이 목전의 이익을 위해 불법적이며 비 윤리적인 행동을 서슴지 않는 것이다. 비슷한 시기, 제주대에서 는 수의학과 학생이 교수실에 침입해 시험문제를 카메라로 찍어 수차례 빼돌리다 적발되기도 했다.

이 뿐만이 아니다. 많은 대학에서는 높은 성적을 위해서라면 무슨 짓이든 하는 학생들의 비윤리적 행위가 만연되어 있다. 오죽 했으면, "커닝의 수재 서울대 학생들"[26]이라는 신문 칼럼 제목까지 등장하겠는가? 중간·기말고사 때마다 기상천외한 커닝수법이 동원되는 게 서울대 학생들의 벌거벗은 모습이다. 과거 2009년에는 서울의 한 사립대학에서 학내 전산시스템을 해킹해 성적을 조작하거나 미이수 과목을 이수한 것처럼 조작한 학생들 5명이 적발된 적도 있다. 판·검사나 의사가 될 학생들의 짓이라고는 상상할 수 없는 도둑질과 해킹범죄가 점차 늘어나고 있는 것이다. 이런 식으로 성적을 조작하는 학생들이 사회에 나가 수단방법을 안 가리고 목적을 달성하려 할 테니 나라꼴이 어떻게 되겠는가? 평범한 사람의 잘못은 주변 몇 사람을 괴롭게 하는 데 그칠 뿐이지만 성공한 엘리트의 악덕은 수많은 '세월호 참사'를 빚어 낼 수 있다는 데 심각성이 있다.

대학생들의 모럴해저드는 갑작스레 발생한 현상은 아니다. 초·중·고등학교 시절부터 윤리과목은 있었지만 윤리교육은 없었다. '10억 주면 감옥도 가겠다'고 응답하는 비율이 초등학생 16%, 중학생 33% 순으로 많아지더니 고교생은 47%에 달한다. '남의 물건 주우면 갖겠다'는 응답도 초등학생 36%, 중학생 51%, 고교생은 62%나 된다.[27] 윤리교육을 받을수록 윤리의식이 하락하는 기이한 현상이 벌어지고 있는 것이다. 거짓과 편법, 타인의 이익을 침해하는 것에 무감각한 청소년들의 민낯을 우리는 일상적으로 대하고 있다.

　우리 사회는 배워야만 짐승과 구별되는 인간이 될 수 있다고 믿었고, 그래서 미친 듯이 공부를 해 왔다. 서점에는 『10대, 꿈을 위해 공부에 미쳐라』『20대, 공부에 미쳐라』『30대, 다시 공부에 미쳐라』『40대 공부 다시 시작하라』가 나오는가 했더니 이젠 『공부하다 죽어라』라는 책까지 나온다. 이렇게 '죽어라' 공부하는 사회도 드문데 많은 사람들은 공부 안 한 걸 후회한다. 대학진학률이 70~80%에 달하고 매년 국내에서만 박사학위 취득자가 1만 명을 넘어 인구 1만 명당 박사가 2.1명이나 된다. 그러나 이런 '미친 교육열'의 결과는 결코 '교육적'이지는 않다.

　그도 그럴 것이, 여기서 말하는 교육이란 '괜찮은' 대학을 나와 '번듯한 직장'을 갖기 위한 도구로서의 가치에 매몰돼 있기 때문이다. 그 결과, 교육은 받았지만 '싸가지 없는 애들' '사람냄새가 나지 않는 명문대학생들' '추잡스러운 중년 남녀들' '나잇값 못하는 늙은이들'이란 말이 넘쳐 난다. 학력은 높지만 무식하고, 도덕교육은 받았지만 비도덕적이며, 종교는 있지만 비신앙적이고, 명문대를 나왔지만 천박한 이기심에 사로잡힌 괴물들이 넘쳐 나고 있다. 가정교육, 학교교육은 극단적 이기주의를 키우고 물욕을 자극하는 교육일 뿐, 개인 행복의 원천이자 공동체의 기초를 강화하는 데 필요한 도덕성과 가치의 토대를 만드는 데는 실패하고 있는 것이다.

한국교육의 실패에 대한 책임은 무엇보다 학벌체제를 재생산하는 교육제도 및 그 뒤에 숨어 있는 기득권층이 져야 한다. 학교교육의 역할에 대한 교육사회학적 논의는 다양하지만, 한국의 지독한 학벌체제하의 학교는 기능적이기보다는 갈등론적 현상이 더욱 심화되고 있다. 우리 사회의 학벌체제는 대학입시를 발판으로 한다. 그러니 학부모나 학생들은 학교를 '좋은 상급학교' 진학을 위한 도구로만 인식하고 있다. 대학입시는 물론 중고등학교, 나아가 초등학교 입학까지 사실상의 입시체제로 전환된다. 주목할 것은, 이런 입시체제에서는 시험이 교육과정을 통제한다는 점이다. 선진국의 경우처럼 중고등학교에서의 학습결과에 대한 평가가 대학입시의 잣대가 되는 것이 아니라 대학입시에 맞추어 중고등학교 교육과정이 편성되는 것이다.

외견상 비슷해 보일지 모르지만 차이는 현격하다. 수능시험에 도덕, 윤리에 대한 평가가 없으면 도덕과 윤리는 교사에게나 학생에게나 더 이상 교육의 가치를 상실하게 된다. 마음을 갈고닦는 것은 더 이상 교육이 아니다. 어느 대형 입시업체의 2013년 캠페인 광고에 "친구는 너의 공부를 대신해 주지 않아"라는 '우정 파괴 광고'가 뜨는 것도 이상할 게 없다. 인간관계를 끊는 게 시험전략으로 제시되고 우정과 같은 가치들과 '공부'를 대립항으로 설정하는 것이 우리 교육의 민낯인 것이다. 그리고 우리는 그 결과를 부메랑이 되어 돌아오는 '패륜아들' '천륜을 저버린 부모' '부패에 찌든 공직자' '파렴치한 기업인' 그리고 일상적으로 벌어지는 공공장소의 '악의 평범성' 속에서 확인하고 있는 것이다.

5. '세월호 이후'의 성인교육

공복公僕 의식교육

21세기 들어 우리만 국가적 참사를 당한 것은 아니다. 미국은 9·11테러를, 일본은 참혹한 쓰나미 피해를 당했다. 그러나 미국의 테러는 외부로부터의 공격이었고 일본의 경우는 불가피한 자연재해였지만 세월호 참사는 우리 사회의 부패와 무능이 빚어 낸 내부로부터의 공격이란 점에서 성격이 전혀 다르다. 우리 사회의 윤리성의 부재가 빚은 인재人災이자 행정편의주의와 비리 커넥션이 불러온 관재官災였다. 단순한 '사고사'가 아니라 탐욕에 빠진 개인, 기업, 정부에 의한 '제도적 타살'이기도 했다.(1) 무엇보다 우리 사회의 지도층과 엘리트를 자처하는 자들의 일상화된 불공정과 부패가 임계점에 다다른 사건이었다.

그들은 말로만 국민의 공복公僕일 뿐 '먹고살기만을 위한' 민관民官유착 비리를 일상적으로 저지르고 있다. 관료마피아라는 말이 전혀 이상하지 않을 정도로 공직세계 곳곳에는 부패의 카르텔이 굳게 형성되어 있다. 세월호 참사에서 드러났듯이, 아무리 해운 업체가 비정상적인 경영을 해도 관료들이 퇴직 후 산하기관으로 옮기는 '관피아' 관행이 요지부동이다 보니 관련 부처 공무원들이 일을 제대로 할 리가 없다. 또 그걸 감시하고 비정상과 비리를 견제, 감시하는 교정시스템이 전혀 작동하지 않았다. 이런 해 운업계 적폐積弊를 파헤치다 보니 기존의 '해피아'는 물론 '철피아(철도)' '식피아(식품의약품안전처)'에다 급기야는 군피아(군대마피아)까지 드러났다. 방산업체나 무기 중개업체에 재취업한 예비역들이 현역 장교들과 결탁해 정보를 빼내고 돈을 주는 유착구조가 뿌리 깊은 것이다.

국가를 이끌어 가는 고위공직자나 전문지식을 가진 고급엘리트 집단의 부패는 곧 국가의 부패 정도를 대변한다. 국제투명성기구TI가 매년 발표하는 각국의 부패인식지수에서 한국은 34개 OECD 국가 중 3년 연속(2011-2013년) 27위를 기록하고 있다. 사실상 최 하위권이다. 게다가 10년 전의 22위보다 오히려 악화되고 있다.

세월호 참사 이후 대통령은 국가개조를 말해 왔다. 그러나 개조 가 먼저 요구되는 것은 시민사회가 아니라 정부 자신이다. 정부의 근본적이면서도 포괄적인 자기개혁이 우선적으로 선행되어야 한다. 정경유착이나 부정부패를 근절하면서 사회적 약자를 보호하는 것이 정부에 부여된 일차적인 과제다.[2] 무엇보다 기득권층의 비리와 부패의 커넥션 구조를 타파해야 한다. 여기에는 행정·입법·사법부의 모든 공직자는 물론 각 분야의 전문가 집단과 상위 10% 부유층이 포함되어야 한다. 이들의 불법과 비윤리적 행태를 예방하거나 강력히 처벌할 수 있는 법을 만들고 확실하게 집행해야 한다. 싱가포르의 사례처럼, 천연자원이 없는 나라가 다른 국가와 경쟁하는 유일한 방법은 세계 최고의 청렴한 정부를 세우는 것이란 의식혁명을 일으켜야 한다.

성인교육으로서의 시민교육

정부의 부패와 타락에 분노해야 하면서, 다른 한편으로는 비판의 칼날을 냉철하게 우리 스스로에게 향해야 한다. 물론 평범한 시민들의 '악의 평범성'이 문제의 본질은 아니다. 그러나 문제는 세월호 사건이 보여 주듯, 사회구성원 개개인 모두의 일상적인 시민의식의 부재가 국가적인 '악의 평범성'을 잉태하는 환경을 제공하기 때문이다.

시민의식이니 도덕성이니 하는 말들은 개인 및 사회적 차원의 삶의 질과 직결되는 중요한 사회적 이슈다. 그러나 이러한 공공의식 부재에 대한 문제의식이 우리 사회 저변에 공감대를 형성하지 못하고 있다. 마치 보고도 못 본 체하는 '침묵의 카르텔'이 사회 전반에 걸쳐 형성되어 있는 듯하다. 가정이나 학교의 역할에 가장 큰 기대를 걸 수밖에 없건만 이 또한 관심의 대상에서 멀어져 있다. '돈이면 다 된다'는 물신풍조 속에 교육은 지위획득을 위한 학벌경쟁으로 전락해 버린 상황에서 '옳음'과 윤리는 불편한 주제일 뿐이다.

평범한 사람들의 타인에 대한 '기계적인 무배려', 그 결과 자신의 자유와 권리마저 짓밟히는 자타공멸의 의식과 행태를 곳곳에서 마주치게 된다. 물론 의도적으로 타인에게 피해를 주려는 것은 아닐 것이다. 이들이 어리석거나 도덕적으로 악한 사람은 더더욱 아니다. 단지, 자기가 무엇을 하고 있는지 깨닫지 못하고 있는 것이다. 한나 아렌트가 말한 '순전한 무사유'가 일상을 지배하고 있는 것이다.

출퇴근길 지하철에서 전혀 듣고 싶지 않은 이야기를 거친 언어로 떠들어 대는 휴대폰 매너, 마주 오는 사람은 아랑곳하지 않고 좁은 인도를 독차지하며 활보하는 무신경, 자정이 넘은 한밤중 주택가에서 자동차 경적을 마구 울려 대는 무심함, 길바닥을 외면하게 하는 담배꽁초와 가래침 주인공들의 폭력에 가까운 습관적 행동. 에티켓 수준을 넘어 폭력과 다름없는 길거리 시민의식을 마주치는 한 일상의 행복은 수증기처럼 증발하게 마련이다. 막스 베버Weber의 말대로 천민의식이 천민자본주의 문화를 구축하는 사회에서는 인간다움을 유지하기 어렵다.

'교육강국'으로 알려진 우리 사회가 후진성을 면치 못하는 이유는 '많이 배운 무식쟁이'들을 양산하고 있는 교육 때문이다. 각종 범법행위를 저지르는 각계 고위층, 지도층, 전문직, 기술직 종사자들의 상당수는 바로 명문대학 출신의 학벌 좋은 '괴물'들이다. 교육의 민낯을 보려면 소위 명문대학이라는 서울의 한 대학 캠퍼스를 둘러보는 것만으로도 충분하다. 길을 걸으며 침 뱉고 담배꽁초를 버리는 것은 예사이고 쓰레기통을 비웃듯 캠퍼스 곳곳에는 휴지들이 널브러져 있다. 재활용 분리수거는 말뿐인 지 오래다. 옆에서 강의를 하든 말든 소리치고 떠드는 무신경이 일상화되어 있다. 이기적인 의식과 행태는 도서관이라고 가리지 않는다. 이 대학도서관에서는 연간 수백 권의 책이 파손되어 버려진다. 닳아서가 아니다. 학생들이 필요한 부분을 찢어 가기 때문이다. 그렇게 공부한 결과, 도서관 옆 건물 외벽에는 지난해 고시합격자들의 숫자가 적힌 대형 플래카드가 자랑스럽게 붙어 있다.

그러나 앞서 언급한 대로, 이런 자성自省은 자칫하면 시민의 의식과 행위를 지배하는 보다 본질적인 '구조'의 문제를 놓친다는 날선 비판에 부딪힐 수 있다. 마치, "잘못은 나 한 사람에게만 있는 것인가? 일거리가 없었고 빵이 없었던 건 잘못이 아니란 말인가?" 탄식하며 범죄를 할 수밖에 없었던 사회현실을 고발한 장발장의 절규를 외면하고 있다는 비판이다. 라인홀드 니버Niebuhr[3]의 말처럼, '비도덕적 사회의 도덕적 인간'의 딜레마를 먼저 직시해야 한다는 것이다.

그러나 잠깐 생각해 보자. 바로 그런 주장이야말로 부조리한 구조를 재생산하는 이 사회 기득권 세력과 정치인들이 간절히 열망하는 것은 아닐는지. 어느 사회나 보수세력의 아킬레스건인 '부도덕성'은 그들이 기생하는 사회의 '부도덕성'을 먹고 자란다. 역설적으로 말하면, 프랑스 정치철학자 알렉시 드 토크빌Tocqueville이 『앙시앵 레짐과 프랑스혁명』[4]에서 갈파하듯, "어느 나라 국민이든 그들 수준에 맞는 정부"를 갖게 되기 마련이기 때문이다. 시민의 윤리적인 의식과 행위가 정치의 윤리성을 결정할 수 있음에 주목해야 한다는 말이다. 결국 한 사회의 인간다운 삶의 질은 양방향에서 이뤄져야 한다.

이제 우리 사회, 우리 교육이 치열하게 고민해야 할 과제는 바로 미국 흑인 인권운동가 윌리엄 듀보이스Du Bois의 말 속에서 찾을 수 있다. 이제 "우리교육은 사람을 목수로 만드는 것이 아니라 목수를 사람으로 만드는 것"으로 방향을 틀어야 한다.

문제는 정책이다

대형사고가 발생하거나 개인 및 집단의 부조리가 들춰져 사회적 이슈가 될 때마다 도덕성을 개탄한다. 보다 근본적으로, 신자유주의가 지배하는 사회구조에 비난의 화살을 쏘기도 한다. 모든 것을 경제화하여 계산 가능하고 절감 가능한 것으로 치환시켜 사고하는 신자유주의적 '합리성'이 문제이며, 이러한 구조가 비윤리적이라는 주장이다.

그러나 철학자 앙드레 콩트 스퐁빌Sponville(5)은 반문한다. 자본주의가 윤리적인지 묻는 질문 자체가 잘못이 아니냐는 말이다. "계산에는 윤리가 없고 물리학에도 윤리가 없고 기상학에도 윤리가 없다." 그런데 왜 경제학에는 윤리가 있기를 바라느냐고 되묻는다. 자본주의는 윤리가 개입할 성격의 차원이 아니며, 윤리적이냐 아니냐는 오로지 개인의 문제라는 주장이다. 개인에 따라 자본주의는 윤리적이기도, 비윤리적이기도 할 뿐이라는 것이다.

사람보다 이윤이 우선인 자본주의는 분명 비인간적이다. 때에 따라선 극악한 살인체제로 변모할 수 있음을 우리는 경험하고 있다. 그러나 신자유주의적 자본주의에 대한 비판은 결국 순환논리에 빠질 뿐 문제해결에 현실적인 도움이 되지 못한다. 대안적 자본주의를 위한 비판과 노력은 거시적으로 계속되어야 한다. 동시에 단기적으로 실천해야 할 사회적 과제를 세세하게 정해야 한다. 무엇보다 부조리한 구조를 혁신하고, 법을 어기면 반드시 벌을 받는다는 '필벌必罰'의식의 문화를 구축해야 한다. 우선, 정부관료조직의 마피아 커넥션 척결에서부터 시작해야 하고, 그 물결이 일반 시민의 규칙과 원칙 준수에 이르기까지 물 흐르듯이 내려와야 한다. 정부가 말하는 '국가개조'는 시민이 아니라 먼저 정부가 되어야 한다.

『티핑포인트』의 저자 맬컴 글래드웰Gladwell[6]은 어떤 사람의 속성에서 문제원인을 찾으려는 시도를 비과학적이라고 진단한다. '한국인이기 때문에' '공무원들이어서' 문제가 발생했다는 식의 평가는 '기본적 귀인오류fundamental attribution error, FAE'라는 것이다. 특정한 사람의 행동을 해석할 때 인종이나 학력, 출신 등 기본적 성격요소의 중요성을 과대평가하고 상황이나 맥락의 중요성을 과소평가하는 실수를 저지른다는 것을 의미한다.

한 예로, 우리나라에선 툭 하면 부실공사로 지탄을 받던 건설사도 외국에서 수주한 건물은 빠른 공사기간에 높은 품질로 찬사를 받는 경우가 적지 않다. 우리나라에선 보행자 건널목에 정차하지 않거나 스쿨존에서 서행하지 않던 운전자도 호주에서 차를 몰 때는 횡단보도 정지선이나 스쿨존의 제한속도를 철저히 지키는 것을 보게 된다. 이유는 간단하다. 호주에선 교통법규를 어기다 걸리면 엄청난 벌금을 물어야 하기 때문이다. 게다가 연휴기간에는

'더블 디미릿 포인트double demerit points scheme'가 적용돼 두 배 이상의 벌금이 부과된다. 다소 과장하면 패가망신하게 된다. 더 현실적인 이유는 호주에서는 교통법규를 어기면 적발될 확률이 매우 높다. 경찰의 강력한 법집행에다 시민들의 신고의식 또한 일상화되어 있기 때문이다.

스탠퍼드대학교 필립 짐바르도Zimbardo 교수의 '교도소 실험'이나 예일대학교 '밀그램 실험'은 인간이 주체적으로 생각하고 신념에 따라 행동한다는 환상을 여지없이 깨부수었다. 물론 예외적인 소수도 있지만 대다수는 환경의 영향에 크게 좌우된다는 것이다. 결론은 명확하다. 규칙이나 원칙 준수에 대한 교육이나 계몽도 중요하지만 더 시급한 교육이자 계몽은 법이나 원칙을 지키지 않으면 반드시 벌을 받는다는 의식을 전 사회적으로 확산시키는 일이다.

가까운 싱가포르를 포함해 선진 여러 국가가 정부관료들의 부패 커넥션을 용인하지 않는 시스템을 구축해 성공한 사례는 수없이 많다. 크건 작건 대부분의 불법과 무질서는 섬세한 시스템과 부지런한 관리감독을 통해 충분히 해결될 수 있는 문제들이다. 따라서 냉혹하리 만치 차갑게 국가의 운영체계를 고쳐 나가도록 국민들이 요구해야 한다. "세월호 참사the ferry disaster는 나쁜 문화 때문이 아니라not bad culture 나쁜 정책bad policy 때문"이라는 영국 〈파이낸셜타임스FT〉[7]의 지적을 귀담을 필요가 있다.

니체가 제시하는 성인교육

세월호 이후의 성인교육은 시민교육 패러다임 변화에 관심을 가져야 한다. 패러다임의 변화는 앞서 니체가 말한 대로, '캔버스와 물감'을 향한 도구적 목적에 대한 관심에서 탈피하여 '전체로서의 삶의 그림'으로 시야를 돌리는 것에서 시작해야 한다. 니체가 경고한 대로 실용적 감각이나 직업활동에만 가치를 두는 성인교육은 결과적으로 "현재의 문턱 위에 편안히 발을 뻗고 있는 건달"[8]만을 양성할 수 있기 때문이다.

니체는 이런 '건달'시민을 바로 종말인이라 부른다. 종말인은 '현재의 문턱위에 발을 뻗고 있는' 것이 행복이며 안녕이라고 생각한다. "우리는 행복을 찾아냈다고 종말인은 말하면서 눈을 껌뻑이고" 있다. 당연히 스스로를 창조하거나 자기를 극복하는 과정으로서의 상승을 포기한다.

"비천하기 짝이 없는 인간들은 일신의 안녕을 돌볼 뿐 모험을 싫어하고 책임이라는 것을 멀리한다. 그런 자들은 소일거리를 찾아 나서기도 하지만 그 때문에 몸을 해치는 일이 없도록 조심한다. 그리고 더 이상 가난해지거나 부유해지려 하지 않는다. 그 어느 것이든 귀찮고 힘들 일이기 때문이다. 다스리려고

하지도 않고 따르려 하지도 않는다. 그 어느 것이든 귀찮고 힘든 일이기 때문이다."[9]

니체가 지적하는 "일신의 안녕을 돌볼 뿐"인 평범한 시민들이 "책임이라는 것을 멀리"함으로써 발생한 악의 평범성이 세월호인 것이다.

니체는 이런 현대인의 타락상을 종말인에서 찾으며 인간이 나아가야 할 방향을 제시한다. 바로 초인사상이다. 초인은 인간의 지향점이기에 필연적으로 성인교육의 지향점이기도 하다. 니체는 종말인의 대척점에 초인 즉, 위버멘쉬를 놓는다.

"사람은 동물과 위버멘쉬 사이를 잇는 밧줄 – 심연 위에 걸쳐 있는 하나의 밧줄이다…… 저 너머로 건너가는 것도 위험하고, 길을 가는 것도 위험하고, 뒤돌아보는 것도 위험하고, 벌벌 떨고 있는 것도 위험하며 멈춰 서 있는 것도 위험하다. 사람에게 위대한 것이 있다면 그것은 그가 목적이 아니라 하나의 다리라는 것이다. 사람에게 사랑받아 마땅한 것이 있다면, 그것은 그가 하나의 상승이요 몰락이라는 것이다."[10]

니체에게 인간은 동물에 가까운 종말인이 될 수도 있고 반대로 초인이 될 수도 있는 어정쩡한 밧줄이다. 따라서 인간의 본질은 선험적인 것이 아닌 자유로운 선택에 의해 창조되는 것임을 강조한다. 동물로 전락한 인간의 본질을 형성할 수도 있고 위버멘쉬로 발전할 수도 있는 열린 가능성의 존재인 것이다. 그리고 동물과 초인을 결정하는 준거는 '자기극복'이다.

> "인간은 극복되어야만 할 그 무엇이다. …… 지금까지 존재하는 모든 것들은 그들 자신을 뛰어넘어, 그들 이상의 것을 창조해 왔다. 그런데도 너희들은 이 거대한 밀물을 맞이하여 썰물이 되기를, 자신을 극복하기보다는 오히려 짐승으로 되돌아가려 하는가? 사람에게 원숭이란 무엇인가? 일종의 웃음거리 아니면 견디기 힘든 부끄러움이 아닌가. 위버멘쉬에 대해서는 사람이 그렇다."[11]

니체가 표현한 '원숭이'로서의 인간은 전술한 무리를 지어 다니는 '떼 인간Herdenmensch'을 지칭하는 것으로서 초인과 질적으로 차별화되는 존재다.

그렇다면 성인교육이 지향하는 초인이란 무엇인가? 해석에 따라서는 초인을 "대지의 뜻"이며 "사람이라는 먹구름을 뚫고 내리치는 번갯불"[12]로서 늙고 허약한 그들 떼 인간 모두를 일거에 타파하고 새로운 세상을 이끌어 낼 수 있는 탁월성을 지닌 일종의 영웅이나 슈퍼맨으로 묘사할 수도 있을 것이다. 이 경우, 초인은 니체가 '데카당' '종말인'이라고 칭하는 일반대중과 뚜렷이 구별되며, 따라서 니체의 사상은 계급주의, 엘리트주의, 귀족주의라는 비판을 불러일으키게 된다.

그러나 다른 한편으로, 니체는 '초인은 이런 것이다'라고 명확하게 정의를 내리지는 않고 있다. 단지 인간이란 무엇인가에 대해서만 말하고 있을 뿐이다. 오히려 '초인은 이런 것이 아니다.'라고 말하는 데 초점을 맞추고 있다. '초인이란 무엇인가?'라는 질문의 대답은 늘 '인간이란 무엇인가?'라는 정의와 대척점에 있는 것으로서 암묵적으로 제시되고 있다는 것이다. 이렇게 본다면 초인이란 어떤 슈퍼맨superman이라기보다는 '자기극복'이라는 운동성 그 자체로 볼 수도 있을 것이다[13].

다시 말해 초인이란 인간을 뛰어넘은 그 무엇이라기보다는 '원숭이'같은 존재, 노예란 사실에 고통을 느끼고 수치심을 느끼는 감수성, 그리고 그 상태에서 벗어나 자기를 극복하려는 의지인 것이다. 자기극복의 삶은 돈과 이익을 넘어서는 자기창조, 새로운 자기 됨, 새로운 자기탄생을 목적으로 설정한다. 아도르노Adorno의 날카로운 지적대로, 무한경쟁과 이윤추구경영에만 몸이 매여 있어 인간본성을 배반하는 기업경영자의 실존으로부터 탈각脫却하는 것이다. 오로지 살아남기 위해 영혼의 목소리에 귀를 막고 경제적 이익만을 향유하기 위해 앞만 보고 노를 저어 가며 이윤추구경영의 단순 도구로 전락한 일반 시민들의 비판적 이성을 회복하는 것이기도 하다. 성인교육에서 지향하는 초인이란 어떤 슈퍼맨이 아닌 바로 이런 감수성과 의지를 지닌 인간인 것이다. 배움을 통한 자기극복으로 새로운 나를 생성하며 그 과정에서 기쁨과 쾌락을 느끼는 성인인 것이다.

그렇다면 이런 감수성과 의지를 지닌 인간으로서의 성인교육의 목표는 어떻게 실현될 수 있는가? 니체의 논리에 따르면, 자유정신을 길러 내는 일에 성인교육이 관심을 가져야 한다. 자유정신을 바탕으로 자신의 판단에 의지하여 자신의 삶을 이끌어갈 수 있는 자주적 인간이 생성될 수 있기 때문이다.

그러나 '너 자신이 돼라.'라는 니체의 삶의 목적은 기존의 교육에서처럼 '제약된 정신'을 길러 내는 풍토에서는 실현되기 어렵다. 니체가 지적하는 대로 "인간 자신을 불완전한 존재"[14]라고 여기게끔 세뇌하고 "어떤 하나의 사고방식과 행동방식을 주입"하고자 하는 전통적인 교육에서는 진정한 교육이 이뤄질 수 없다는 것이다.

"과연 우리는 바로 그 고대인이 자신들의 청년들에게 가르친 것 중에서 어떤 것이라도 배웠는가? 우리는 고대인들처럼 말하고 쓰는 것을 배웠는가? 우리는 대화의 검술, 즉 변증법을 끊임없이 실습했는가? 우리는 그들처럼 아름답고 당당하게 행동하고 그들처럼 격투하고 던지고 권투하는 것을 배웠는가? ……

우리는 단 하나의 고대의 덕이라도 고대인이 그것을 익혔던 방식으로 과연 익혔는가?"[15]

이를 위해서는 니체가 당시의 대중교육의 확산이나 학문의 전문화가 초래한 교양교육의 축소 혹은 추락을 비판한 것처럼, 성인교육에서 교양교육 혹은 인문교육에 대한 관심과 지원을 확대할 필요가 있을 것이다. 또한 자유정신을 길러 내기 위해서는 자유정신의 소유자가 있어야 한다. 이런 점에서 성인을 지도하는 성인교육자부터가 '자기교육'을 통해 자유정신을 구비하려는 노력을 기울여야 한다.

에필로그

잊는 자는 '원숭이'다

밀란 쿤데라Kundera는 "모든 권력에 대한 투쟁은 망각에 대한 기억의 투쟁"이라고 말한 바 있다. 세월호 이후의 한국사회는 '잊지 않겠습니다.'란 다짐에 대한 기억의 투쟁이 되어야 한다. 그렇다면 세월호 참사 이후 나는 과연 바뀌었는가? 그날 이후 삶의 방향이, 가치관이 달라졌는가? 우리 사회는 바뀌었다고, 아니 바뀔 거라고 생각하는가?

대답은 분명하다. '단언컨대 변하지 않는다.' 최소한 사건의 공범인 정치인, 관료들이 개과천선할 가능성은 없다. 단, 국민 각자가 냄비근성과 망각에 빠져 있는 한 그렇다는 얘기다. 실제로 이런 불길한 조짐은 정치권에서 이미 불거지고 있다. 3년 넘게 국민 눈치를 보며 꾸물거리다 알맹이를 뺀 채 국회를 통과한 「부정청탁 금지 및 공직자의 이해충돌방지법」이 대표적인 사례다.[1] 2015년 여름의 메르스(MERS, 중동호흡기증후군) 사태는 또 어떠한가? 한동안 나라 안팎을 발칵 뒤집어 놓은 메르스 사태는 세월호와 본질은 다르나 사태를 대하는 관리자들의 의식과 방식은 전혀 나아진 게 없음을 드러냈다.[2]

변하지 않은 것은 정치권만이 아니다. 대형사고가 일어날 때마다 우리는 집단으로 흥분하고 또 반성했다. 그러다 시간이 지나면 다시 사고 이전으로 퇴행해 버리는 '집단기억상실증'을 되풀이해 왔다. 그리고 그 어리석은 불각不覺의 대가는 '세월호 참극慘劇'이었다. 이번에도 외신은 앞다투어 비난의 화살을 퍼부었다. "한국은 과거의 사고들에서 '정말' 아무것도 배우지 못했다."

사건이 발생한 지 얼마 안 되었을 무렵, 경기도의 어느 교육자들 연수에서 강의를 맡게 되었는데 주최측은 필자에게 이런 부탁을 했다. 참석자들이 그 사고로 매우 민감한 상태니 그 얘긴 언급하지 않았으면 좋겠다는 것이었다. 내겐 충격이었다. 상대가 교육자였기에 실망은 더 컸다. 허나 애써 자제하고 강의를 다음과 같은 말로 이어 나갔다.

"저나 여러분이나 그 사건을 한시라도 빨리 잊고 일상의 평온을 되찾고 싶은 마음은 똑같을 것입니다. 허나 미안하지만 우리 모두에게는 그럴 '권리'가 없습니다. 배 안에 갇혀 공포와 고통 속에 손가락뼈가 부러지도록 탈출을 시도하다가 목숨을 잃은 어린 학생들을 잊을 자격이 제겐 없습니다. 국가란 시스템 안에서 운명적으로 우리 모두는 소극적 공범共犯이자 가해자입니다. 가해자는 잊을 자격도 없고 잊어서도 안 됩니다. 인간의 생명보다 이윤을 먼저 생각하는 '한국적' 자본의 탐욕, 그리고 그 탐욕을 규제하고 통제하기보다는 그것을 조장하는 권력의 비리구조가 바뀌지 않았는데 어느 누가 감히 그 참사를 잊자고 할 수 있겠습니까?"

세월호 참사에서 고개를 돌리고픈 사람들은 아마도 '언제까지 자학하고 자괴하자는 것이냐'고 되묻고 싶을 것이다. 허나, 단적으로 말하면 이들은 '옳음'과 '좋음'에 대한 최소한의 구분조차 할 능력이 없는 사람들이다. 무려 300명이 넘는 시민들을 생매장한 사건의 진상을 규명하는 것은 '권리'이자 '옳음'의 문제다. 누구나 인정하듯, 이건 단지 '사고사'가 아니라 무능한 정부와 탐욕에 빠진 관료, 기업에 의한 '제도적 타살'이다. 제도적 타살의 주범과 공범을 밝혀내고 그에 대한 엄정한 정치적·법적 책임을 물어야 하는 것이 최우선적인 권리이자 '옳음'의 문제다. 진상 규명을 통해 '재발방지를 하는 것'은 그 결과로 따라올 '좋음'의 문제이지만 사건의 본질은 아니다. 가슴 아픈 이야기를 빨리 잊고 싶은 감정 역시 '좋음'의 영역이다. 제대로 된 사회에서는 '옳음'이

'좋음'에 우선한다. 옳음보다 좋음을 먼저 챙기는 사람이 니체가 말하는 "원숭이"다.[3] 이들의 가치관이 바로 '노예도덕'이며 이런 가치관이 대세가 될 때 '노예도덕 사회'가 된다. 이들은 옳고 그르다는 것과 좋고 나쁘다는 가치의 구분이 없다 보니 집단적인 흐름이나 대세에 편승할 수밖에 없는 것이다. 또한 '좋음'이 '옳음'이나 '권리'에 우선하는 사회에서는 언제든 또 다른 '권리'가 짓밟히게 된다.

세월호 참사는 한국사회에 근본적인 질문을 던졌다. 국가란 무엇인가, 왜 기업을 경영하는가, 무엇을 위한 직장이고 또 무엇을 위한 성인교육인가? 이런 질문은 결국, '한 사람의 성인으로서 정말 이렇게 살아가도 괜찮은 것인가?'라는 물음으로 귀결된다. 니체는 이 물음에 답한다. '너'라는 존재를 최대한 풍요롭게 실천하고 최대한 만끽하기 위한 비결은 바로 이것이다.

"위험하게 살지어다! 그대들의 도시를 베수비오 화산가에 세워라! 그대들의 배를 미지의 바다로 내보내라! 그대와 동류의 인간들, 그리고 그대들 자신과의 싸움 속에서 살라!"[4]

니체는 '위험한 삶'을 살라고 부추기는 인식의 선동가가 된다. 효율과 탐욕에 기반한 21세기 신자유주의적 인식에 매몰된 기존의 사유를 부정하고 본래의 독특한 '너'를 찾으라고 말한다. 그 개별적인 삶의 독특성을 고양시키고 발휘하는 것을 도와주는 것이 바로 성인교육의 역할인 것이다. 니체는 『반시대적 고찰』의 제2부 '삶에 대한 역사의 공과' 서론을 자기 삶의 모델이었던 요한 볼프강 폰 괴테Goethe의 말을 인용하면서 시작했다. 필자는 그 말을 결론으로 인용하기로 한다.

"내 활동을 키워 주지도 않고 내게 직접 활기를 불어넣지도 않으면서 단지 나를 가르치려고만 하는 모든 것을 나는 증오한다."

후주

〈프롤로그〉 세월호는 성인교육자에게 무엇인가?

(1) Powell, A. (2007). How Sputnik changed U.S. education. Harvard gazette October 11, 2007. http://news.harvard.edu/gazette/story/2007/10/how-sputnik-changed-u-s-education/

(2) Yeaxlee, B. (1925). *Spiritual values in Adult education: A study of a neglected aspect* (Vol. 1). London: Oxford University Press.

(3) Lindeman, E. C. (1961). *The meaning of adult education*. Montreal: Harvest House.

(4) Lindeman, E. C. (1961). p. 50.

(5) 같은 곳.

(6) Arendt, H. (2014). 예루살렘의 아이히만: 악의 평범성에 대한 보고서 (김선욱 역). 서울: GB 한길그레이트북스.

(7) 홍경자(2014). 죽음을 부르는 '악'은 어디에서 오는가?: 야스퍼스와 아렌트에서의 '악'의 근원과 본질. 한국가톨릭철학회 공동학술대회 〈악의 문제와 한국사회〉 9월 27일 서강대학교.

(8) 정민승(2010). 성인학습의 이해. 서울: 에피스테메.

(9) Nietzsche, F. (2014). 즐거운 학문(FW)(안성찬, 홍사현 역). 서울: 책세상(니체전집 12권). [3] 270: 250(3부 270장 250페이지). 이하 니체 저서는 약호로 표시한다. 니체 저서의 번호가 있는 경우, 그 번호를 약호 뒤에 기재한다. 페이지는 한글 번역판을 따른다. 표기 순서

는 [부], 장, (절), 페이지다.

(10) Nietzsche, F. (2014). 즐거운 학문(FW)(안성찬, 홍사현 역). [2] 99: 170.

(11) Nietzsche, F. (2014). 반시대적 고찰(UB)(이진우 역). 서울: 책세상 (니체전집 2권). pp. 413-414.

(12) Nietzsche, F. (2014). 반시대적 고찰(UB)(이진우 역) p. 191.

(13) 홍윤기(2014). 악마도 악인도 없는 악에 대하여: 세월호 참사와 우리 교육, 또는 철학 없는 시대를 사는 인간들의 억울한 죽음. 한국가톨릭 철학회 공동학술대회 〈악의 문제와 한국사회〉 9월 27일 서강대학교.

(14) Sharp, A. M. (1976). The teacher as liberator: A Nietzschean view. *Paedagogica Historica: International Journal of the History of Education, 16*(2), 387-422.

(15) 고명섭(2012). 니체 극장: 영원회귀와 권력의지의 드라마. 서울: 김영 사. p. 36에서 재인용.

(16) Nietzsche, F. (2013).인간적인 너무나 인간적인(MAM2)(김미기 역). 서울: 책세상(니체전집 8권). 1(137): 91

1. 세월호의 물음 – 이렇게 살아가도 괜찮은가?

(1) 하이데거에 따르면 "모든 사상가는 오직 한 가지 사상만을 생각한다." 니체는 본질적인 사상가에 속한다. 니체의 단 한 가지 생각이란 동일 자의 영원회귀 사상이다. 영원회귀가 바로 니체 형이상학의 중심에 있으며 이 중심의 주변에 니체의 다른 주요 테마들—권력의지, 초인, 가치전환, 니힐리즘—이 맴돌고 있다는 것이다(Schrift, 1997: 46-47).

(2) Nietzsche, F. (2011). 도덕의 계보학(GM)(홍성광 역). 서울: 연암서 가. p. 12.

(3) 같은 곳.

(4) Nietzsche, F. (2011). 도덕의 계보학(GM)(홍성광 역). 서울: 연암서

가. p. 11.

(5) 허태균. 나는 누구냐? 그 답이 행동을 결정한다. 조선일보 2014.5.31.

(6) Spencer, L., & Spencer, S. (1993). *Competence at work: Models for superior performance.* New York: John Wiley & Sons, Inc.

(7) 세월호 선장 대 오너. 누가 진짜 악마인가? 뉴데일리경제 2014.4.22.

2. 세월호 참사의 원인 – 악의 평범성

(1) 이관춘(2010). 기업의 위기극복을 위한 윤리경영전략. 서울: 학지사. p. 157.

(2) 홍윤기(2014). 악마도 악인도 없는 악에 대하여: 세월호 참사와 우리 교육, 또는 철학 없는 시대를 사는 인간들의 억울한 죽음. 한국가톨릭철학회 공동학술대회 〈악의 문제와 한국사회〉 9월 27일 서강대학교.

(3) 세월호 1주년: 선박불법 증개축 여전. 선원 안전교육은 주먹구구. 동아일보 2015.4.13.

(4) 뉴욕타임스 2014.4.20.

(5) Nietzsche, F. (2015). 차라투스트라는 이렇게 말했다(Z)(정동호 역). 서울: 책세상. [1] 5 (1-16): 24.

(6) Z. [1] 3(5-10): 17.

(7) Z. [1] 3(6-7): 18.

(8) 동아일보 2015.4.13.

(9) 월스트리트 금융분석가로 탁월한 명성을 날리는 나심 니콜라스 탈레브는 2008년 금융위기 같은 대형사건을 블랙스완에 빗대 설명한다. 한 사회에서 극단적으로 예외적이어서 발생가능성이 거의 없지만 일단 일이 터지면 엄청난 충격과 파급효과를 가져오는 사건이 바로 블랙스완이라는 것이다. 구글의 성공이나 미국 9·11테러 등을 예로 들고 있으나 우리에겐 세월호 사고를 들 수 있을 것이다. 참조: 탈레브(2008). 블랙스완(차익종 역). 동녘사이언스

(10) Masayuki, N. (2009). 실패 100선(김상국 외 역). 서울: 21세기북스.

(11) 세월호 1주년: 선박불법 증개축 여전… 선원 안전교육은 주먹구구. 동아일보 2015.4.13.

(12) 경향신문 사설. 세월호 1주기, 참사는 현재진행형이다. 2015.4.16.

(13) 광주타임즈 2014.5.7.

(14) Perrow, R. (2013). 무엇이 재앙을 만드는가?(김태훈 역). 서울: RHK. p. 17.

(15) Senge, P. (1998). 피터 센게의 제5경영(안중호 역). 서울: 세종서적. p. 88.

(16) Neilson, W. A. (2014). 열린 인문학 강의(김영범 역). 서울: 유유. p. 75.

(17) 같은 책, p. 76.

(18) Arendt, H. (2014). 예루살렘의 아이히만: 악의 평범성에 대한 보고서 (김선욱 역). 서울: GB 한길그레이트북스. p. 18.

(19) 홍경자(2014). 죽음을 부르는 '악'은 어디에서 오는가?: 야스퍼스와 아렌트에서의 '악'의 근원과 본질. 한국가톨릭철학회 공동학술대회 〈악의 문제와 한국사회〉 9월 27일 서강대학교.

(20) 같은 책.

(21) 조선일보 2014.1.28.

(22) Frankl, V. (2007). 죽음의 수용소에서(이시형 역). 서울: 청아출판사. p. 26.

(23) 이관춘(2010). 기업의 위기극복을 위한 윤리경영전략. 서울: 학지사. p. 23.

(24) 같은 책, p. 24.

(25) http://www.seoul.co.kr/news/newsView.php?id=201406035 00023).

(26) 박승찬(2014). 그 자체로 악인 고통 안에서 선이 발견될 수 있는가?- 변신론에 대한 비판적 성찰. 한국가톨릭철학회 공동학술대회 〈악의 문제와 한국사회〉 9월 27일 서강대학교.

(27) 김종국(2014). 신의 모험과 인간의 책임: 요나스의 아우슈비츠 이후의 신개념. 한국가톨릭철학회 공동학술대회 〈악의 문제와 한국사회〉 9월 27일 서강대학교. p. 106에서 재인용.

(28) Nietzsche, F. (2011). 도덕의 계보학(GM)(홍성광 역). 서울: 연암서가. p. 15.

(29) Nietzsche, F. (2015). 선악의 저편(JGB)(김정현 역). 서울: 책세상(니체전집 14). 9(260): 275.

(30) 고명섭(2012). 니체 극장: 영원회귀와 권력의지의 드라마. 서울: 김영사. p. 573.

(31) Nietzsche, F. (2011). 도덕의 계보학(GM)(홍성광 역). 서울: 연암서가. p. 252.

(32) 같은 곳.

(33) Nietzsche, F. (2015).선악의 저편(JGB)(김정현 역). 서울: 책세상(니체전집 14). 5(202): 161.

(34) 백승영(2009). 니체, 디오니소스적 긍정의 철학. 서울: 책세상. p. 590.

(35) Tatsuru, U. (2012). 푸코, 바르트, 레비스타로스, 라캉 쉽게 읽기(이경덕 역). 서울: 갈라파고스 p. 55.

(36) Nietzsche, F. (2011).도덕의 계보학(GM)(홍성광 역). 서울: 연암서가. p. 253.

(37) 박승찬(2014). p. 10.

3. 악의 평범성의 원인 - 순전한 무사유

(1) 유대인 학살의 주범인 아이히만은 독일 패망 이후 아르헨티나의 부에노스아이레스 외곽에 숨어 지내다가, 1960년 5월11일 이스라엘 비밀경찰에 체포되었다. 아이히만은 1961년4월11일, 예루살렘 지방법원에서 독일인 변호사 세르바티우스의 도움을 받아 재판을 받았다. 참조: Arendt, H. (2014). 예루살렘의 아이히만(김선욱 역). 서울: 한길사.

(2) 김종대. 전체주의와 생각의 힘. 한겨레 2014.1.10.

(3) Nietzsche, F. (2011). 도덕의 계보학(GM)(홍성광 역). 서울: 연암서
가. p. 3

(4) 이관춘(2010). 기업의 위기극복을 위한 윤리경영전략. 서울: 학지사.
p. 4

(5) 김우재. 복종에 저항하기. 한겨레 2014.5.6.

(6) 박정훈. 촛불시위대는 왜 금수원으로 가지 않는가. 조선일보
2014.5.30.

(7) 외국인들이 바라본 세월호 참사. 이데일리뉴스 2014.5.14.

(8) 파이낸셜타임스(FT) 2014.4.29.

(9) 통계에 따르면 자동차 사고 사망률이 10만 명당 10명, 배는 0.3명, 철
도는 0.2명, 항공기는 0.03명이다. 자동차보다 훨씬 안전하다고 하니
'설마하니'의 유혹에 빠질 수도 있다. 그러나 문제는 상대적으로 낮은
확률이라도 발생할 수 있으며 그 결과는 치명적이라는 점을 인식할
필요가 있다.

(10) 조선일보 2014. 4. 23.

(11) 세월호 1주년: 선박불법 증개축 여전… 선원 안전교육은 주먹구구. 동
아일보 2015.4.13.

(12) 이관춘(2010). p. 159.

(13) 조선일보 2014.4.23.

(14) 동아일보 2013.3.20.

(15) Stiglitz, G. (2013). 불평등의 대가(이순희 역). 서울: 열린책들. p.15.

(16) 이관춘(2010). 같은 책.

4. 순전한 무사유의 원인 - 학습된 무기력

(1) Hiroto, D. S. & Seligman, M. E. P. (1975). Generality of
learned helplessness in man. *Journal of Personality and So-
cial Psychology, 31*, 311-327.

(2) Seligman, M. E. P. (1972). Learned helplessness. *Annual Re-

view of Medicine, 23, 407-412.

(3) Hiroto, D. S. (1974). Locus of control and learned helpless-ness. *Journal of Experimental Psychology, 102*, 187-193.

(4) 이명진, 봉미미(2013). 청소년기의 학습된 무기력. 교육학연구, 제51권 제1호. pp. 77-105.

(5) Hiroto & Selligman (1975). 같은 책.

(6) 이명진, 봉미미(2013). pp. 77-105.

(7) Ellis, H. (2010). 니체의 긍정철학(최선임 역). 서울: 지식여행. p. 392.

(8) 같은 책, p. 296에서 재인용.

(9) Nietzsche, F. (2006). 차라투스트라는 이렇게 말했다(황문수 역). 서울: 문예출판. p. 112.

(10) 정민승(2010). 성인학습의 이해. 서울: 에피스테메. p. 7.

(11) 같은 곳.

(12) Gibbon, E. (1923). *Autobiography*. N.Y: E.P. Dutton. 한준상, 2002: 38에서 재인용.

(13) 한준상(2002). 학습학. 서울: 학지사. p. 164.

(14) 르몽드 2013.9.21.

(15) 뉴욕타임스 2013.11.7.

(16) 이코노미스트 2013.10.

(17) 스웨덴의 스벤스카 더그블라넷 신문 2013.12.3.

(18) 정아은(2013). 모던 하트. 서울: 한겨레신문사.

(19) 참조: Bourdieu, P. (2006). 구별짓기: 문화와 취향의 사회학(상, 하). 서울: 새물결.

(20) Combs, A. (2002). 교육신화(박철용 역). 서울: 양서원.

(21) Halberstam, H. (1972). *The best and the brightest*. N.Y.: Random House.

(22) 김병준. 어른이 겁주는 사회, 아이들에게 미안하다. 동아일보 2015.5.5.

(23) 김상봉(2004). 학벌사회. 서울: 한길사. p. 199.

(24) 문화일보 2013.12.

(25) 문화일보 2014.6.10.

(26) 정성희. 커닝의 수재 서울대 학생들. 동아일보 2015.5.13.

(27) 2013년 홍사단 조사 결과.

5. '세월호 이후'의 성인교육

(1) 조국. 집단적 비명횡사 공화국, 가만있으면 안된다. 경향신문 2014.5.8

(2) 김호기. 욕망의 사회에서 살림의 사회로. 경향신문 2014.5.13.

(3) Niebuhr, R. (2006). 도덕적 인간과 비도덕적 사회(이한우 역). 서울: 문예출판사.

(4) Tocqueville, A. (2006). 앙시앵 레짐과 프랑스혁명(이용재 역). 서울: 박영률출판사.

(5) Sponville, A. C. (2010). 자본주의는 윤리적인가(이현웅 역). 서울: 생각의 나무.

(6) Gladwell, M. (2004). 티핑포인트(임옥희 역). 서울: 21세기북스.

(7) 파이낸셜타임스(FT) 2014.4.23.

(8) Nietzsche, F. (2014). 반시대적 고찰(UB)(이진우 역) p. 191.

(9) 정동호(2013). 피코, 다윈, 니체. 니체연구 5집. 한국니체학회. p. 217.

(10) Nietzsche, F. (2015). 차라투스트라는 이렇게 말했다(Z)(정동호 역). 서울: 책세상(니체전집 13권). [1] 4 (15-24): 20.

(11) Z. [1] 3: 16-17.

(12) Z. [1] 3: 20-23.

(13) Tatsuru, U. (2012). 푸코, 바르트, 레비스타로스, 라캉 쉽게 읽기(이경덕 역). 서울: 갈라파고스 p. 58.

(14) Nietzsche, F. (2014). 즐거운 학문(FW)(안성찬, 홍사현 역). 서울:

책세상(니체전집 12권). [3] 115: 192.

(15) Nietzsche, F. (2008). 아침놀(MR)(박찬국 역). 서울: 책세상(니체전집 10권). [3] 195: 210.

〈에필로그〉 잊는 자는 '원숭이'다.

(1) 단적인 사례 하나만 보자.

2015년 3월 3일 국회 본회의에서 법 하나가 압도적인 지지를 받으며 통과되었다. 「부정청탁 및 금품 등 수수의 금지에 관한 법률」이다. 원래 명칭은 「부정청탁 금지 및 공직자의 이해충돌방지법」으로 공직자의 부정한 청탁 수수를 금지하고, 이해충돌이 있는 직무의 수행등을 방지해 공직자의 부패를 막고, 정부의 신뢰를 확보하려는 법이었다(1). 김영란법으로 알려진 이 법의 핵심은 이해충돌방지에 있었던 것이다. 그런데 정치인, 관료들이 자신들에 관한 이런 법률을 기꺼이 처리할 리 없다. 2년 6개월 이상 꾸물거리며 미루다 세월호 참사로 인해 관피아 문제가 부각되자 여론에 밀려 국회에서 논의가 이루어진 것이다. 그런데 아니나 다를까, 입법 논의과정에서 핵심인 이해충돌방지 부분이 제거되었다. 여러 억지 주장을 하며 자신들에게 민감한 부분을 삭제한 것이다. 세월호 참사의 구조적 원인 중 하나가 바로 이해충돌에 대한 부적절한 관리였다는 점을 상기할 필요가 있다. 그래서 정치권은 변하지 않는다는 말이 나오는 것이다.(윤태범. 거세된 김영란법.. 김영란은 없다. 경향신문 2015.4.13.)

(2) 굳이 미국을 예로 들지 않아도 선진국에서는 국가적 재앙이 발생할 조짐이 나타나면 국가수반이 전면에 나타나 침착함을 잃지 않으면서도 즉각적인 조치를 내놓는 게 당연시되고 있다. 세월호의 초등 대응 실패를 빼닮듯이, 메르스 역시 정부 방역 관련 부처의 무능으로 1차 저지선, 2차저지선, 3차저지선이 맥없이 무너지면서 여론은 들끓었다. 2주간이나 허둥대며 뒷북을 치다가 뒤늦게 종합대응 컨트롤타워를 만들었다. '세월호 7시간'의 후유증을 앓고 있는 대통령은 이번에

도 골든타임을 놓쳤다.

(3) Nietzsche, F. (2015). 차라투스트라는 이렇게 말했다(Z)(정동호 역).
서울: 책세상. [1] 3(5-10): 17.

(4) Nietzsche, F. (2014). 즐거운 학문(FW)(안성찬, 홍사현 역). 서울:
책세상(니체전집 12권). [4] 283: 261-262.

참고문헌

고명섭(2012). 니체 극장: 영원회귀와 권력의지의 드라마. 서울: 김영사
김상봉(2004). 학벌사회. 서울: 한길사.
김종국(2014). 신의 모험과 인간의 책임: 요나스의 아우슈비츠 이후의 신
    개념. 한국가톨릭철학회 공동학술대회 〈악의 문제와 한국사회〉 9월
    27일 서강대학교.
백승영(2009). 니체, 디오니소스적 긍정의 철학. 서울: 책세상.
정동호(2013). 피코, 다윈, 니체. 니체연구 5집. 한국니체학회.
정아은(2013). 모던 하트. 서울: 한겨레신문사.
이관춘(2010). 기업의 위기극복을 위한 윤리경영전략. 서울: 학지사.
이명진, 봉미미(2013). 청소년기의 학습된 무기력. 교육학연구, 제51권,
    제1호. pp. 77-105.
정민승(2010). 성인학습의 이해. 서울: 에피스테메.
박승찬(2014). 그 자체로 악인 고통 안에서 선이 발견될 수 있는가?- 변신
    론에 대한 비판적 성찰. 한국가톨릭철학회 공동학술대회 〈악의 문제
    와 한국사회〉 9월 27일 서강대학교.
한준상(2002). 학습학. 서울: 학지사.
홍경자(2014). 죽음을 부르는 '악'은 어디에서 오는가?: 야스퍼스와 아렌
    트에서의 '악'의 근원과 본질. 한국가톨릭철학회 공동학술대회 〈악
    의 문제와 한국사회〉 9월 27일 서강대학교.
홍윤기(2014). 악마도 악인도 없는 악에 대하여: 세월호 참사와 우리 교육,
    또는 철학 없는 시대를 사는 인간들의 억울한 죽음. 한국가톨릭철학
    회 공동학술대회 〈악의 문제와 한국사회〉 9월 27일 서강대학교.

Arendt, H. (2014). 예루살렘의 아이히만: 악의 평범성에 대한 보고서(김선욱 역). 서울: GB 한길그레이트북스.

Bourdieu, P. (2006). 구별짓기: 문화와 취향의 사회학(상, 하)(최종철 역). 서울: 새물결.

Combs, A. (2002). 교육신화(박철용 역). 서울: 양서원.

Ellis, H. (2010). 니체의 긍정철학(최선임 역). 서울: 지식여행.

Frankl, V. (2007). 죽음의 수용소에서(이시형 역). 서울: 청아출판사.

Gladwell, M. (2004). 티핑포인트(임옥희 역). 서울: 21세기북스.

Masayuki, N. (2009). 실패 100선(김상국 외 역). 서울: 21세기북스.

Neilson, W. A. (2014). 열린 인문학 강의(김영범 역). 서울: 유유.

Niebuhr, R. (2006). 도덕적 인간과 비도덕적 사회(이한우 역). 서울: 문예출판사.

Nietzsche, F. (2011). 도덕의 계보학(GM)(홍성광 역). 서울: 연암서가.

Nietzsche, F. (2014). 반시대적 고찰(UB)(이진우 역). 서울: 책세상(니체전집 2권).

Nietzsche, F. (2015). 선악의 저편(JGB)(김정현 역). 서울: 책세상(니체전집 14).

Nietzsche, F. (2014). 즐거운 학문(FW)(안성찬, 홍사현 역). 서울: 책세상(니체전집 12권).

Nietzsche, F. (2015). 차라투스트라는 이렇게 말했다(Z)(정동호 역). 서울: 책세상.

Nietzsche, F. (2008). 아침놀(MR)(박찬국 역). 서울: 책세상(니체전집 10권).

Nietzsche, F. (2013).인간적인 너무나 인간적인(MAM2)(김미기 역). 서울: 책세상(니체전집 8권).

Perrow, C. (2013). 무엇이 재앙을 만드는가?(김태훈 역). 서울: RHK.

Senge, P. (1998). 피터 센게의 제5경영(안중호 역). 서울: 세종서적.

Sponville, A. C. (2010). 자본주의는 윤리적인가(이현웅 역). 서울: 생각의 나무.

Stiglitz, G. (2013). 불평등의 대가(이순희 역). 서울: 열린책들.

Taleb, N. (2008). 블랙스완(차익종 역). 동녘사이언스.

Tatsuru, U. (2012). 푸코, 바르트, 레비스타로스, 라캉 쉽게 읽기.(이경덕 역). 서울: 갈라파고스

Tocqueville, A. (2006). 앙시앵 레짐과 프랑스혁명(이용재 역). 서울: 박영률출판사.

Gibbon, E. (1923). *Autobiography*. N.Y: E.P. Dutton.

Halberstam, D. (1972). *The best and the brightest*. N.Y.: Random House.

Hiroto, D. S. (1974). Locus of control and learned helplessness. *Journal of Experimental Psychology, 102*, 187-193.

Hiroto, D. S., & Seligman, M. E. P. (1975). Generality of learned helplessness in man. *Journal of Personality and Social Psychology, 31*, 311-327.

Lindeman, E. C. (1961). The meaning of adult education. Montreal: Harvest House.

Powell, A. (2007). How Sputnik changed U.S. education. Harvard gazette October 11, 2007. http://news.harvard.edu/gazette/story/2007/10/how-sputnik-changed-u-s-education/.

Seligman, M. E. P. (1972). Learned helplessness. Annual *Review of Medicine, 23*, 407-412.

Sharp, A. M. (1976). The teacher as liberator: A Nietzschean view. *Paedagogica Historica: International Journal of the History of Education, 16*(2), 387-422.

Spencer, L., & Spencer, S. (1993). *Competence at work: Models for superior performance*. New York: John Wiley & Sons, Inc.

Yeaxlee, B. (1925). *Spiritual values in Adult education: A study of a neglected aspect*(Vol.1). London: Oxford University Press.

김병준. 어른이 겁주는 사회, 아이들에게 미안하다. 동아일보 2015.5.5.

김우재. 복종에 저항하기. 한겨레신문 2014.5.6.

김종대. 전체주의와 생각의 힘. 한겨레신문 2014.1.10.

김호기. 욕망의 사회에서 살림의 사회로. 경향신문 2014.5.13.

박정훈. 촛불시위대는 왜 금수원으로 가지 않는가. 조선일보 2014.5.30.

세월호 선장 대 오너. 누가 진짜 악마인가? 뉴데일리경제 2014.4.22.

세월호 1주년: 선박불법 증개축 여전. 선원 안전교육은 주먹구구. 동아일보 2015.4.13.

세월호 1주기, 참사는 현재진행형이다. 경향신문 2015.4.16.

정성희. 커닝의 수재 서울대 학생들. 동아일보 2015.5.13.

조국. 집단적 비명횡사 공화국, 가만있으면 안된다. 경향신문 2014.5.8.

외국인들이 바라본 세월호 참사. 이데일리뉴스 2014.5.14.

윤태범. 거세된 김영란법.. 김영란은 없다. 경향신문 2015.4.13.

허태균. 나는 누구냐? 그 답이 행동을 결정한다. 조선일보 2014.5.31.

http://www.seoul.co.kr/news/newsView.php?id=20140603500023.

동아일보(2015.4.13.)

광주타임즈(2014.5.7.)

조선일보(2014.1.28.)

파이낸셜타임즈(FT)(2014.4.23.)

파이낸셜타임스(FT)(2014.4.29.)

조선일보(2014. 4. 23.)

르몽드(2013.9.21.)

뉴욕타임스(2013.11.7.)

뉴욕타임스(2014.4.20.)
이코노미스트(2013.10.)
스웨덴 스벤스카 더그블라뎃 신문(2013.12.3.)
문화일보(2013.12.)
문화일보(2014.6.10.)

찾아보기

인 명

내용

저자 소개

이관춘 교수 eekc92@hotmail.com

연세대학교 학부대학 (최)우수 강의상을 5년 연속(2012-2016년) 수상하였다.

호주 연방정부 장학생으로 The University of Sydney 교육사회정책학과 및 동 대학원을 졸업(M.Ed)하고 국립 Macquarie University에서 교육학 우등석사(MA Hons) 및 박사학위(Ph.D)를 받았다(최우수 박사논문상).

호주한국유학생연합회장 시절, 한국의 5공 군사정권에 의해 호주로 정치 망명하였다. 이후 Macquarie대학 조교수로 재직하면서 국제기능올림픽, 제31차 세계광고회의 등에서 영어동시통역사 및 호주 SBS 라디오 방송에서 아나운서로 활동하였다.

한국정부를 대표하여 APEC 회원국 공동연구(HRD 부문) 제안 및 연구 총책임 교수로 활동하였으며, 한국청소년정책연구원 연구위원, 명지학원

(명지대, 명지전문대 등) 기획위원 교수직을 거쳐 청소년교육복지학과 교수로 재직 중이며, 연세대학교 학부대학 및 교육대학원에서 인문사회융합과목 및 인적자원개발 강의를 담당하고 있다.

학생으로는 드물게 '국제심리학 학술지'(IJP)에 '가치이론'을 발표해 국제 학계의 주목을 받았으며, SSCI급 논문들을 포함한 120여 편의 논문을 발표하였다. 대한민국학술원 선정 우수 도서상(2012년), 대한민국 사회연구 최우수 논문상(2005년)을 수상하였다.

현재, SSCI 국제저명학술지 『Educational Psychology』 편집자문 및 논문심사위원이며, 제11대 한국성인교육학회 회장을 맡고 있다.

기업 및 공공분야 성인교육의 중요성을 절감하고 KBS 방송 전국 팀장 교육, KBS Media 임직원 교육을 비롯해 CHANEL, CITIBANK, 대우조선해양, SK에너지, ㈜동원, 재무설계협회(FP) 등의 기업교육 및 인문학교육과, 노사정위원회, 노동부, 중앙선거관리위원회, 한국지방행정연수원, 고용노동연수원, 전국 지방자치단체 등의 공무원교육, 한국방송통신대학교, 경운대학교를 비롯한 각급 학교, 교육청 및 평생교육기관에서의 교재개발 및 인문학 특강 강사로 활발한 활동을 하고 있다.

니체, 세월호 성인교육을 논하다

Nietzsche, speaks about Sewolho adult education

2015년 7월 20일 1판 1쇄 발행
2018년 3월 15일 1판 4쇄 발행

지은이 • 이관춘
펴낸이 • 김진환
펴낸곳 • (주) **학지사**
　　　　04031 서울특별시 마포구 양화로 15길 20 마인드월드빌딩
대표전화 • 02)330-5114　　팩스 • 02)324-2345
등록번호 • 제313-2006-000265호

홈페이지 • http://www.hakjisa.co.kr
페이스북 • https://www.facebook.com/hakjisa

ISBN 978-89-997-0763-6 03370

정가 10,000원

이 도서의 국립중앙도서관 출판시도서목록(CIP)은 서지정보유통지원시스템 홈페이지(http://seoji.nl.go.kr)와 국가자료공동목록시스템(http://www.nl.go.kr/kolisnet)에서 이용하실 수 있습니다.
(CIP제어번호: CIP2015017983)

교육문화출판미디어그룹 학지사

심리검사연구소 **인싸이트** www.inpsyt.co.kr
원격교육연수원 **카운피아** www.counpia.com
학술논문서비스 **뉴논문** www.newnonmun.com
간호보건의학출판 **정담미디어** www.jdmpub.com